HEYNE BÜCHER
SACHBUCH

Frauke Hunfeld studierte Politikwissenschaften, Geschichte, Publizistik und Türkisch in Münster und Istanbul. Sie lebt als freie Journalistin in Münster.

Thomas Dreger studierte Politikwissenschaften, Publizistik und Islam-Wissenschaften in Münster und Damaskus. Er lebt als freier Journalist in Münster.

Frauke Hunfeldt/Thomas Dreger

Jugend-Okkultismus

Zwischen Satanismus, Esoterik und Parapsychologie

Unter Mitarbeit von
Ralph Heller, Christoph Reuter
und Harald Spieß

WILHELM HEYNE VERLAG
MÜNCHEN

HEYNE SACHBUCH
Nr. 19/5005

Taschenbuchausgabe im
Wilhelm Heyne Verlag GmbH & Co. KG, München

Printed in Germany 1993
Lektorat: Uwe Ernst
Umschlagfoto: action press, Hamburg/Zimmermann
Umschlaggestaltung: Atelier Adolf Bachmann, Reischach
Satz: Satz- und Reprotechnik GmbH, Hemsbach
Druck und Verarbeitung: Druckhaus Beltz, Hemsbach

ISBN 3-453-06526-3

Inhalt

Vorwort

„An Deutschlands Schulen herrscht der Satan. Sektenexperten vermuten, daß derzeit jeder zehnte Schüler Erfahrungen mit Tischerücken, Pendeln und Gläserschieben sammelt, mit Okkultem, Geheimnisvollem, Übersinnlichem. Vierer- oder Fünfergruppen treffen sich um Mitternacht, setzen sich um einen Tisch, auf dem die Buchstaben des Alphabets sowie die Zahlen von eins bis neun liegen. Mitten auf dem Tisch steht ein Glas. Der angerufene Dämon soll es bewegen."

(Bunte, 1.6.88)

„In den Pausen huschen Jungen und Mädchen auf die Toiletten und hocken sich gespannt um ein Klo, auf dessen Deckel sie mit Hilfe eines Pendels die Geister beschwören. Andere, denen dies nicht mehr genügt, klauen Hostien, schmeißen Kirchenfenster ein, beschmieren Grabsteine, buddeln Urnen aus, zelebrieren düstere Messen auf nächtlich einsamen Friedhöfen..." (Frankfurter Rundschau, 25.3.89)

„Den Einstieg in satanische Kreise finden Jugendliche auch durch eine bestimmte Musikrichtung. Bei Konzerten von sogenannten Heavy-Metal oder Black-Metal-Gruppen treffen sich Scharen schwarz gekleideter und weiß getünchter Fans, um sich Teufels- und Todesbotschaften von Gruppen wie ‚The Slayer' (Totschläger) einhämmern zu lassen ... Da werden dann schon mal Tiere auf der Bühne getötet. Die hartgesottenen Fans legen erst nach dem Konzert los: Sie ziehen auf Friedhöfe, stecken Kreuze umgekehrt in den Boden und rufen den Teufel an." (Weltbild, 6.5.88)

Jugendokkultismus hat Konjunktur. Seit spätestens 1986 gehört er zu den Jugendphänomenen, die die Medien beherrschen.

Der ersten Welle der Berichterstattung folgte die Welle der Warnungen. Sektenbeauftragte allerorten erhoben die Stimme, um vor der Beschäftigung mit okkulten Praktiken zu warnen. Jugendokkultismus wurde als „neue Droge" gehandelt, die im Begriff sei, sich seuchenartig auszubreiten.

So wurde Jugendokkultismus auch zu einem Thema für die Politik. Nordrhein-Westfalens Kultusminister Hans Schwier warnte 1988 in einer Presseerklärung vor „okkulten Bewegungen wie Spiritismus, Dämonenglaube, Schwarze Magie und Satanskult", die „unter Schülern ein bedenkliches Ausmaß angenommen hätten" und in „Wahnvorstellungen, Neurosen und sogar im Tod" enden könnten.

Okkultismus war Thema im Bundestag und in den Landtagen. Dabei kam immer wieder heraus: Es gibt keine gesicherten Erkenntnisse über die Verbreitung von Jugendokkultismus und über die Gefahren, die von ihm ausgehen.

„200 Satanisten allein in Coesfeld" („Spiegel"), „Satanskult in jeder dritten Familie am Niederrhein" („Express") – solche Zahlen sind absurd.

Flächendeckende, repräsentative Untersuchungen,

die solchen Spekulationen Fakten gegenüberstellen, gibt es jedoch nicht.

Der Freiburger Professor Johannes Mischo von der „Abteilung für Psychologie und Grenzgebiete der Psychologie“ der Universität Freiburg befragte 520 Religionslehrer per Fragebogen über Art und Häufigkeit der Thematisierung von Jugendokkultismus im Unterricht. Nur 138 Religionslehrer antworteten.

Die „Forschungsstelle für Psychiatrische Soziologie“ in Düsseldorf befragte 104 Gymnasiasten und 215 Hauptschüler ebenfalls per Fragebogen nach ihrem Kenntnisstand über und ihrem Glauben an okkulte Praktiken.

Aus diesen Untersuchungen läßt sich verläßlich nur herausfiltern, daß Jugendliche ein großes Interesse an diesem Thema haben und daß Praktiken wie Gläser- oder Tischerücken am weitesten verbreitet sind, mehr nicht.

Bei dem überwiegenden Teil aller Darstellungen kommen die eigentlich Betroffenen, die Jugendlichen, nicht zu Wort. „Fachleute“, „Experten“ reden über Jugendliche. Uns haben die Aussagen der betroffenen „Spiritisten“, „Grufties“, „Hexen“, „Satanisten“ und derer, die dafür gehalten werden, interessiert. Authentizität, nicht Repräsentativität, war unsere Devise.

Nicht nur um die Phänomene des Jugendokkultismus ging es uns, sondern vor allem um das „Warum“. In mehrstündigen Interviews gaben uns jugendliche Okkultisten – oder Jugendliche, die man wegen ihrer Kleidung oder ihres Musikgeschmacks gemeinhin dafür hält – Auskunft über ihre Einstellungen, ihre Praktiken, ihren Werdegang.

Diese Interviews sind Grundlagen unserer Überlegungen. Sehr schnell wird deutlich: Differenzierungen sind notwendig.

Der jugendliche Satanist hat mit dem Freizeit-Spiritisten oder dem „Gruftie“, dem es in erster Linie um das Outfit und die entsprechende Musik geht, nicht viel gemein.

Für die verschiedenen Phänomene gibt es unterschiedliche Ursachen:

- Okkultismus kann eine Freizeitbeschäftigung sein. Für ein paar Stunden, im Gespräch mit den Geistern, sind schlechte Noten, Beziehungsstreß etc. Nebensache.
- Okkultismus kann eine Lebenshilfe sein. Wer heutzutage einen Hauptschulabschluß macht, wird gesellschaftlich propagierte Werte wie Macht, Erfolg, Erlebnis wahrscheinlich nicht erreichen – jedenfalls nicht in der realen Welt.
- Okkultismus kann eine Leidenschaft sein. Getrieben von der Überzeugung, daß „da doch mehr sein muß“, sucht der Okkultist nach dem Übersinnlichen.
- Okkultismus kann Aufbegehren sein. Vom Teufel singen heißt, Tabus zu brechen.
- Okkultismus kann eine Verkehrung der Welt bedeuten. Satanisten drehen das Wertegerüst der christlich geprägten Kulturen um 180 Grad und finden alles erstaunlich stimmig.
- Okkultismus kann Ersatz für gesellschaftliches Engagement sein. Wer glaubt, seine und die Probleme der Welt mit Beschwörungsformeln und Kräuterelixieren lösen zu können, braucht keine Wahlen, keine Mitbestimmung und keine Demonstrationen.
- Okkultismus kann zur Gefahr werden:

– für den einzelnen, der sich mit Okkultismus beschäf-

tigt und bei dem diese Beschäftigung Angstzustände und psychische Störungen bis hin zur Psychose auslösen kann;
- für eine Gesellschaft, in der die Demokratie in Gefahr gerät, weil Menschen sich lieber auf die Willkür des Pendels oder die Macht scheinbar fremder Autoritäten verlassen;
- für die beiden großen Kirchen, die, von Austritten gebeutelt, nach dem Angriff der sogenannten „Jugendreligionen", erneut ihr spirituelles Monopol in Gefahr sehen.

Bedanken möchten wir uns an dieser Stelle bei all den Jugendlichen, die durch ihre Interviews dieses Buch ermöglicht haben.

Die meisten Namen der zitierten Jugendlichen haben wir auf ihren Wunsch geändert. Da wir sowieso nur Vornamen verwenden, ersparen wir uns eine Aufschlüsselung, welche geändert wurden und welche nicht.

Okkultismus als Freizeitausstieg

Smalltalk mit den „Geistern"

Die Szene hat etwas von Kaffeekränzchen. Vier junge Leute, Claudia, Katrin, Anke und Joachim, alle Gymnasiasten der Jahrgangsstufe 12, sitzen an einem Frühlingsnachmittag in Claudias Zimmer, trinken Kaffee, rauchen, reden über die Schule, Freunde...

Ort der Handlung ist das westfälische Laer, ein Städtchen mit ein paar tausend Einwohnern, zwanzig Kilometer nördlich von Münster...

Die Kaffeekanne ist irgendwann leer und aus dem Gespräch die Luft raus.

„Willst du schon fahren?" Anke zieht sich die Jacke an. „Ja, ich will noch Klaus besuchen." Klaus ist Ankes Freund und liegt im Krankenhaus. „Ach komm, den kannst du auch abends noch besuchen. Laß uns lieber noch etwas mit den Geistern sprechen." Zögernd zieht Anke die Jacke wieder aus und setzt sich hin. Claudia räumt die leeren Tassen von dem runden Holztisch.

Beschriftete Pappkärtchen werden zu einem Kreis gelegt, etwa 50 cm im Durchmesser. Auf jedem Kärtchen steht ein Buchstabe oder eine Ziffer. Zwei etwas größere Kärtchen mit der Aufschrift „Ja" und „Nein" kommen an zwei gegenüberliegende Punkte des Kreises. In die Mitte des Holztisches stellt Claudia ein Schnapsglas; sie stellt es umgekehrt hin, der Fuß zeigt nach oben.

„Kommt schon, legt Eure Finger drauf", kommandiert Claudia. „Sollen wir nicht zuerst das Rollo runterlassen und Kerzen anzünden?" fragt Anke mit einem zweifelnden Gesichtsausdruck. „Ach Blödsinn, legt schon die Finger hin!"

Alle vier sitzen jetzt um den Tisch herum und legen je einen Zeigefinger auf den Boden des Glases, ganz leicht nur, ohne sich auf dem Glas abzustützen, so daß der Arm bald schwer wird. „Ist jemand da?" fragt Claudia und blickt erwartungsvoll in die Runde. „Ja! Da... Jetzt..." Katrins Augen leuchten. Tatsächlich bewegt sich das Glas mit den vier Fingern darauf langsam zu dem Kärtchen mit der Aufschrift „Ja". Das Glas scheint die vier aufliegenden Finger mit sich zu ziehen. „Wie heißt du, Geist?" Das Glas legt nun ein beeindruckendes Tempo vor und wandert in kreisenden Bewegungen zu den Kärtchen „D", „A", „I", „M". Die vier haben sichtlich Mühe, ihre Finger auf dem Glas zu halten. „Schon wieder so ein blödsinniger Name. Warum heißen die eigentlich nie wie richtige Menschen? Letztens hatten wir einen, der hieß Intimo der Perverse." „Das war bestimmt dein Schutzgeist", frotzelt Anke.„Wann hast du gelebt, Geist?" „Daim" will „1499" in „Asien" gelebt haben und auf die Frage nach seinem Tod gibt er „M", „O", „R", „D" an. Die Gesichter werden langsam ernster, die Stimmung gespannt. „Laßt uns lieber einen Geist rufen, den wir kennen, damit wir die Antworten überprüfen können." „Zum Beispiel Napoleon", schlägt Katrin vor und fragt auch gleich: „Napoleon, bist du da?" – Tatsächlich, mit beachtlicher Geschwindigkeit marschiert das Glas zu „Ja". Dann kommen die Testfragen: „Wann bist du geboren?", „Wann gestorben?", „Mit wem verheiratet gewesen?" und so weiter. Anke protokolliert alles mit. Die anschließende Überprüfung im Lexikon ergibt eine Trefferquote von gut 80 Prozent und die anderen Antworten lassen sich auch irgendwie hinbiegen. Zum Beispiel hat sich „Napoleon" mit seinem Todesdatum einen groben Schnitzer erlaubt. Nicht 1815, sondern erst 1821 ist er gestorben. 1815 hatte man den kleinen Kaiser verbannt und das interpretiert Anke, „war für ihn sicher auch wie sterben". Und so fort.

Die vier haben noch einen Smalltalk mit dem „Geist" Jean-Paul Sartres, der aber nur ziemlich wirres Zeug von sich gibt und jäh von einem „FJSATAN" unterbrochen wird. Auf Claudias Frage, wo er denn herkäme, wandert das Glas in kreisenden Bewegungen erst zu „H", dann zu „O" und „E", tippt zweimal gegen „L" und landet schließlich wieder beim „E". Anke entfährt ein spitzer Schrei, hastig nimmt sie den Finger vom Glas, Claudia wirft einen silbernen Rosenkranz, den sie angeblich immer bei sich trägt, auf den Tisch, den Finger läßt sie aber weiter auf dem Glas. „FJSATAN" oder besser das Glas marschiert jetzt unter den drei verbleibenden Fingern mit hoher Geschwindigkeit in großen Kreisen über den Tisch, und schleift dabei den Rosenkranz mit. „KREIS ZERSTOEREN" und „GIER DES TEUFELS" buchstabiert Claudia noch, dann fegt das Glas die Hälfte der Buchstaben vom Tisch. Die Erklärung folgt sofort: Anke, die ihre Hände unter dem Tisch hält, fragt: „Bist du irritiert, weil ich bete?" Das „Ja" kommt prompt.

Die Sitzung ist damit beendet. Claudia und Anke steht der Schreck in den Gesichtern geschrieben, Joachim und Katrin diskutieren über Parapsychologie.

Die „okkulte Welle" ist hereingebrochen, und zwar scheinbar völlig überraschend. Die 17jährige Claudia erzählt:

„Das war im Sommer '87. Ich war drei Monate in Frankreich, und als ich zurück in meine Klasse kam, sprach alles über Okkultismus – ich dachte, die Leute sind völlig beknackt!" *Und die 18jährige Anke ergänzt:* „In einem halben Jahr haben das hier mindestens 90 Prozent der Jugendlichen ausprobiert."

Katrin erzählt, wie sie zum Spiritismus gekommen ist:

„Die Freundin des Bruders meines Freundes hat das regelmäßig mit ihrer Mutter gemacht, das Gläserrükken. Die hat uns mal besucht und davon erzählt und da haben wir uns natürlich sofort zusammengesetzt und es ausprobiert. Wir haben dann gleich den ganzen Nachmittag mit Gläserrücken verbracht, fünf Stunden haben wir hier gesessen und experimentiert.

Beim ersten Mal ist das ein absolutes Faszinosum, wie sich das Glas bewegt und dabei sinnvolle Antworten rauskommen. Da stellt man sich auch erstmal gar nicht die Frage, warum oder wieso das funktioniert, man sieht erstmal: Es klappt! Und dann ist man sehr enthusiastisch dabei."

Später haben sich die vier regelmäßig zu spiritistischen Sitzungen getroffen.

Anke: „Das war für uns eine Art Spiel, so eine Art Freizeitsport."

Kurz danach wurde Spiritismus dann zur Mode. Katrin und Anke wurden von Mitschülern danach gefragt.

Anke: „Nachher wurde ich von allen möglichen darauf angesprochen: Wie man das macht? Zeig uns das doch mal! Und es kamen immer wieder diese obligatorischen Fragen, ob man das Licht ausmachen muß, Kerzen anzünden oder ob der Tisch drei Beine haben muß. Aber das ist totaler Blödsinn, das funktioniert nämlich immer. Wir haben es schon auf dem Fußboden gemacht oder wenn der Fernseher läuft, ich habe sogar schon von Leuten gehört, die haben das auf dem Schulklo gemacht, auf dem Klodeckel."

Für viele wurde Spiritismus mit dem rückenden Glas oder dem schreibenden Tischchen zu einem Partyspaß. Die 17jährige Siegrid aus Lüdinghausen erzählt, wie sich das Tischchenrükken unter den Jugendlichen verbreitete:

„Die meisten haben auf irgendeiner Fete damit angefangen. Auf allen möglichen Feten hatte dann irgendwer so einen kleinen selbstgebauten Tisch mit, so einen mit drei Beinen, in dessen eines Bein ein Stift eingesetzt ist, der dann Buchstaben auf ein Papier malt. Das hat fast immer funktioniert. Auch wenn irgendwelche Leute gesagt haben: ‚Das ist Quatsch!' und dabei Witze gerissen haben, wenn die sich hingesetzt haben, Finger auf das Tischchen und dann gefragt haben: ‚Wer sitzt hier am Tisch?' oder: ‚Wann ist meine Oma gestorben?' oder so, dann schrieb der Tisch da so ein paar krakelige Zahlen hin, die man nur mit Mühe lesen konnte, aber mit ein bißchen Phantasie hätte es schon stimmen können. Angeblich hat ein Mädchen so mit dem Geist von John Lennon geredet und sogar ein Autogramm von ihm bekommen. Also ich habe das ‚Autogramm' gesehen, das ‚L' sah ganz echt aus, über den Rest hätte man sich streiten können."

Spiritismus ist nicht nur unter Schülern, sondern auch unter Studenten verbreitet.

Fritz und Carsten wohnen im westfälischen Coesfeld. Fritz studiert evangelische Theologie, Carsten Sozialpädagogik. Beide beschäftigen sich schon länger mit Gläserrücken.

Um nicht immer einen passenden Tisch suchen zu müssen, haben sie sich ein sogenanntes „okkultes Brett" gebastelt, ein großes Holzbrett, in das sie die Buchstaben, die sonst auf Pappkärtchen stehen, eingebrannt haben. Zeitweilig haben sie sich drei- bis viermal in der Woche zum Gläserrücken getroffen.

Fritz erzählt: „Am Anfang war das unheimlich spannend. Ich habe von Studienkollegen davon gehört, als die sich darüber unterhalten haben. Ich habe dann mehr spöttisch gesagt: ‚Wenn ihr das das nächste Mal macht, dann ladet mich ein, dann gucke ich mir das mal an.' Eine Woche später ergab sich das dann. Die sind zu mir gekommen, was mir auch recht war, weil ich ein bißchen kontrollieren konnte, daß die nicht manipulieren. Naja, jedenfalls hat es funktioniert. Die ganze Sitzung endete ziemlich dramatisch: Das Glas rutschte dreimal über die ‚6' und wieder zurück und da schrie einer aus der Gruppe: ‚Das ist die böse Zahl! Sofort aufhören!'

Bei diesem ersten Mal war ich mir nicht so sicher, ob nicht doch jemand geschoben hatte."

Eine Woche später hat Fritz es dann nochmal probiert, mit guten Freunden, bei denen er sicher war, daß niemand schiebt:

„Wir hatten ziemlich schnell Kontakt zu einem sehr mitteilsamen Geist namens Hubert. Wir fanden den Namen sehr ungewöhnlich, denn wir hatten mit irgendeinem bombastischen Namen gerechnet, aber der hieß halt Hubert.

Später hatten wir dann noch einen, der nannte sich E666, der war aber sehr merkwürdig. Erst hat der relativ vernünftige Antworten gegeben, aber nachher kam da nur noch Blödsinn bei raus. Da kamen mir so langsam Zweifel an der Sache. Also ich weiß noch immer nicht, was dahintersteckt. Ich gehe davon aus, daß niemand bewußt das Glas manipuliert hat, aber ob das jetzt irgendwelche jenseitigen Geister sind oder so eine Art Telekinese, weiß ich nicht. Darüber habe ich mir noch kein richtiges Urteil gebildet."

Carsten, der über Fritz zum Gläserrücken gekommen ist, ist sich auch nicht ganz sicher, hält es aber für wahrscheinlich, daß tatsächlich Geister am Werk sind:

„Ich glaube fast neunundneunzigprozentig daran, daß da irgendwie Geister Einfluß auf die Sache haben. Hundertprozentig belegen kann man das glaube ich nicht, aber warum soll man das auf unheimlich komplizierte Weise erklären, mit Telekinese oder so, wenn es auch einfach geht, daß da eben Geister Einfluß haben."

Die wenigsten jugendlichen Spiritisten, die wir befragten, waren absolut überzeugt, daß sie mit Geistern in Kontakt treten.

Claudia: „Ich weiß nicht, woran es liegt. Ich glaube, man wird das nie hundertprozentig erklären können und niemand wird dafür überhaupt jemals eine Erklärung finden können."

Anke: „Eine Freundin von mir hat vom Glas erfahren, daß ihr Vater bald sterben wird, und der ist dann auch tatsächlich gestorben, obwohl damit niemand gerechnet hat. Wir haben lange überlegt, woher meine Freundin das wissen konnte, ob die vielleicht so eine Art Zweites Gesicht hatte, daß sie unterbewußt irgendwas voraussehen konnte."

Ganz am Anfang, als sie die ersten Erfahrungen mit dem rückenden Glas machte, hat sich Claudia ziemlich viel Gedanken darüber gemacht:

„Im ersten Moment ist man völlig aufgelöst, wenn es klappt. Freude, Angst, da mischt sich einiges. An dem Tag, an dem ich das das erste Mal gemacht habe, mußte ich auf dem Weg nach Hause an einem Friedhof entlang. Ich bin das Stück gerannt, ich hatte wirklich Angst, und da schimmerten auch noch diese kleinen Lämpchen. Also unheimlich war es schon."

Ähnlich ist es auch Joachim gegangen:

„Am Anfang war ich sehr beeindruckt davon, daß man mit Geistern kommunizieren konnte. Wenn man dann in so einer Runde sitzt und darüber redet, wird alles mögliche zusammengetragen und man schaukelt sich gegenseitig hoch. Am Anfang hat mich Spiritismus unwahrscheinlich beeindruckt und auch belastet. Aber auf die ganzen Fragen habe ich nie eine klare Antwort bekommen, und später kam bei den Sitzungen auch nur noch banales Zeug raus, daß ich sagen würde: Das sind keine Geister. Vielleicht ist es Telekinese oder so was. So etwas soll es ja geben. Dabei wundert mich allerdings, daß das jeder machen kann, sich hinsetzen und einen Geist beschwören. Das dürften dann ja eigentlich nur

Leute können, die eine mentale Kraft haben. Aber vielleicht hat die ja jeder."

Siegrid grübelt nach ihren Erfahrungen:

„Ich habe mir erst überlegt, ob das nicht irgendwelche physikalischen Kräfte sind, die das Tischchen bewegen. Aber wenn man das sieht, daß das Tischchen wirklich etwas schreibt, daß da wirklich etwas bei rumkommt, dann ist das schon ziemlich erstaunlich.

Vielleicht ist das ja wirklich so, daß sich vor hundert Jahren die Leute nicht vorstellen konnten, daß es bald einen Fernseher gibt oder ein Radio, daß das eine Art von Energie ist, die das Tischchen bewegt, die vielleicht in ein paar hundert Jahren entdeckt wird."

Tatsächlich war vor hundert Jahren die Erfindung eines Radios oder Fernsehers unvorstellbar. Warum das Glas rückt, das Tischchen schreibt oder das Pendel schwingt, wurde jedoch schon 1852 beschrieben. Das Stichwort heißt „Carpenter-Effekt". Dieser trägt dazu bei, daß sich das Glas wie von Geisterhand von Buchstabe zu Buchstabe bewegt: Für das Gläserrücken wird ein leichtes Glas benötigt, das umgekehrt auf einem möglichst glatten Tisch steht. Es geht darum, die Reibung gering zu halten, damit schon ein Minimum an Kraft auf das Glas wirkt. Auf den Boden des Glases werden die Finger gelegt, ganz leicht, ohne zu drücken. Aber allein dadurch, daß die Finger auf dem Glas liegen und eben nicht darüber schweben, üben sie Kräfte auf das Glas aus. Da niemand seinen Finger absolut ruhig halten kann und mit der Zeit die Arme immer schwerer werden, werden die Kräfte noch stärker. Diese Kräfte zusammen bewegen das Glas.

Die Kräfte der einzelnen Finger addieren sich zu einer Gesamtkraft, deren Richtung sich aus den Richtungen der einzelnen Kräfte ergibt. Bei mehreren Fingern, die alle verschieden stark auf das Glas wirken, wird das Ganze komplizierter. Auf jeden Fall ergibt sich immer eine Gesamtkraft in eine Richtung, in die keiner der Finger zeigt. Daher entsteht das Gefühl, das Glas würde von einer Kraft geführt, die von außen kommt. Tatsächlich sind es aber die Finger, die das Glas bewegen. Das Spannende ist, daß das Glas dabei sinnvolle Antworten gibt.

Auch wenn die Gläserrücker meinen, nicht an dem Glas zu rücken, so sind sie doch unbewußt in der Lage, das oben beschriebene komplexe System der sich addierenden Kräfte zu beherrschen. Es dauert immer eine Weile, bis die Spiritisten das gelernt haben, deswegen bewegt sich das Glas zu Beginn einer spiritistischen Sitzung meist langsam und ist nicht besonders auskunftsfreudig, steigert sich aber mit der Zeit recht eindrucksvoll.

Daß viele Gläserrücker meinen, das Glas würde durch ihre Gedanken bewegt, geht in die richtige Richtung. Carpenter stellte fest, daß jede Vorstellung, die wir uns von einer Bewegung machen, auch zu einem Antrieb zur Ausführung dieser Bewegung führt. Wer einen hohen Turm sieht, blickt automatisch nach oben, und wenn er sich später den Turm vorstellt, hebt er dabei kaum merklich die Augenlider. Kinder, die einen dicken Menschen beschreiben, zeigen dabei automatisch mit den Händen, was sie beschreiben. Neurologen konnten nachweisen, daß bei der Vorstellung einer Bewegung in den betreffenden Muskeln Aktionsströme auftreten. Wer denkt, bewegt sich also immer ein kleines bißchen dabei, und zwar entsprechend seiner Gedanken.

Beim Gläserrücken schafft es das menschliche Hirn, diese Bewegungen auch auf einer abstrakten Ebene zu koordinieren, denn die Gläserrücker vollführen nicht irgendwelche Gesten, sondern verknüpfen Zeichen, Buchstaben zu sinnvollen Zeichenketten, also Wörtern und ganzen Sätzen. Hinzu kommt, daß das menschliche Hirn beim Gläserrücken offensichtlich nicht nur in der Lage ist, auf bewußtes Wissen zurückzugreifen, sondern auch Informationen aus tieferen Schichten mit dem Glas zu artikulieren. So kommt es zu „Auskünften" des Glases, die angeblich den Gläserrückern völlig unbekannt sind. Eine Spiritistin kann sich zum Beispiel beim besten Willen nicht an das Geburtsdatum ihrer Großmutter erinnern, irgendwann hat sie das Datum aber mal gehört und das rückende Glas bringt es jetzt aus ihrem Hirn zutage.

Das rückende Glas ist ein verblüffend simples Gerät, um tiefere Ebenen der menschlichen Psyche anzuzapfen. Hinzu kommen noch gruppendynamische Prozesse, die zum Beispiel dafür verantwortlich sind, daß ein Spiritisten-Zirkel sich unbewußt auf den einen Geisternamen wie „Hubert" einigt, ein anderer mit einem vermeintlichen Geist namens „E666" in Kontakt tritt.

Diese Erklärung gilt fast genauso für das Tischchenrükken und auf ähnliche Weise für das Pendeln. Die Erklärung nach dem „Carpenter-Effekt" ist vielleicht nicht so eingängig, wie die Annahme der Existenz von Geistern und vielleicht muß man sie auch zweimal lesen und vielleicht bleiben dann dennoch ein paar Fragezeichen. Das eigentlich Merkwürdige am „Carpenter-Effekt" aber ist, wie wenig er bekannt ist. Seit über hundert Jahren sind die wichtigsten spiritistischen Praktiken mit Physik und Psychologie zu erklären und dennoch geht ein großer Teil der Bevölkerung davon aus, daß entweder Geister ihre Finger im Spiel haben oder sonstige übersinnliche Kräfte wirksam sind.

An den bisher befragten Jugendlichen mit spiritistischen Erfahrungen fällt auf, daß sie einen sehr rationalen Eindruck machen und sich auch selbst so einschätzen.

Joachim: „Also ich denke, ich bin ein eher nüchterner Typ."

Und Claudia: „Ich habe schon ein relativ gefestigtes Weltbild. Ich glaube nicht, daß ich irgendwann in einer Sekte lande oder sowas."

Tatsächlich haben die meisten Jugendlichen, die spiritistische Praktiken ausprobieren, nichts gemein mit den leuchtend-orange gekleideten Großstadtbettelmönchen der siebziger Jahre. Spiritismus, der häufig in einem Atemzug mit Jugendsekten genannt wird, bedeutet für sie keinen Ausstieg aus der Gesellschaft.

Anke, Claudia, Katrin, Joachim und Siegrid gehen auf das Gymnasium. Alle haben mehr oder minder konkrete Zukunftspläne.

Auch Carsten und Fritz, die beiden Studenten, sind alles andere als ausgeflippt.

Aber vielleicht ist gerade das das Auffällige an jugendlichen Spiritisten: Sie sind so normal.

Jugendokkultismus gedeiht auf konservativem Boden schneller als anderswo. Die ersten „Okkult-Reports" kamen 1985 vom Niederrhein, gefolgt vom Münsterland und Bayern. Und zwar nicht aus den Metropolen, sondern aus der eher ländlich-katholisch geprägten Umgebung, also aus Dinslaken und nicht aus Duisburg, aus Borghorst und nicht aus Münster. Zwei Vermutungen:

a) Auf dem Land ist einfach weniger los als in der Stadt, das Freizeitangebot für Jugendliche ist viel schmäler. Also müssen sich die Jugendlichen selbst etwas einfallen lassen. Spiritismus bietet da eine billige und spannende Alternative.

b) In ländlich-katholischer Umgebung herrscht eine größere Bereitschaft, Unerklärliches wie die Existenz von Geistern für möglich zu halten.

Laer, Coesfeld, Borghorst und wie die Dörfer und Städtchen alle heißen, in denen um 1985 die „Welle" Jugendspiritismus ihren Ausgang nahm, haben alle eines gemeinsam: Einen mehr oder minder spitzen Kirchturm, der die meisten übrigen Gebäude überragt. Diese Position entspricht der Bedeutung, die die Kirche hier über Jahrhunderte hatte: Geistliche und weltliche Macht waren eins. Das hat sich im 20. Jahrhundert geändert. Ein großer Teil der Bevölkerung geht zwar noch am Sonntag zur Kirche, aber die tatsächlichen Entscheidungen werden woanders gefällt.

Die Kommunalreform veränderte die Verwaltung, fünfzig Prozent der Dorfjugend besucht ein Gymnasium, das mehr als zehn Kilometer entfernt ist, die Familie macht nicht mehr Urlaub bei der Tante im Harz, sondern auf Mallorca oder sonstwo im sonnigen Süden. Die große Politik wird nicht mehr zwischen Kirche und Rathaus gemacht, sondern in Washington, Moskau oder Bonn.

Dennoch hat die Kirche in Laer immer noch eine einflußreiche Position. Ihre jahrhundertelange Herrschaft hat auf dem Land deutlichere Spuren hinterlassen und einige wesentliche Vorstellungen christlicher Prägung tauchen bei den Geisterbeschwörungen der Jugendlichen wieder auf.

Es ist kein Zufall, daß Claudia einen Rosenkranz auf den Tisch wirft, auf dem ein „Geist" sein Unwesen treibt, Anke ein Gebet spricht, um den „Teufel" zu vertreiben und über das „Zweite Gesicht" nachdenkt und Katrins Großvater früher auch mal Gläserrücken gemacht hat. Zwar distanzieren sich alle vier von der Amtskirche, die sie für „weltfremd" und „verspießert" halten, aber sie alle sind in diesem ländlich-katholischen Umfeld aufgewachsen und das hinterläßt Spuren.

Mitte der siebziger Jahre führten der damalige Dozent

für Pastoralpsychologie im Bischöflichen Priesterseminar in Trier, Dr. Alwin J. Hammers, und sein Kollege, der Psychoanalytiker und Facharzt für Neurologie und Psychiatrie, Dr. Ulrich Rosin, eine repräsentative Befragung evangelischer und katholischer Pfarrer in der Bundesrepublik durch. Die Befragung drehte sich um „Parapsychologie, Okkultismus, Teufelsglauben, Besessenheit, Exorzismus und Wunder".

Den Grund für die Untersuchung formulierten die beiden Forscher so:

„Pfarrer, die sich ja professionell mit der Beziehung zwischen ‚irdischen Menschen' und dem ‚Übersinnlichen' beschäftigen, gelten in der Bevölkerung vielfach als kompetent für die Beurteilung parapsychischer und okkulter Phänomene, die meist im religiösen Kontext erlebt werden. Da Pfarrer die Erlebnisweise und die Bewertung parapsychischer und okkulter Phänomene in der Bevölkerung wesentlich beeinflussen, entschieden wir uns, die Einstellung dieser meinungsbildenden Gruppe zu untersuchen."

Die beiden Forscher kamen zu dem Ergebnis, daß jeder zehnte Pfarrer, egal ob evangelisch oder katholisch, eine sogenannte okkult-gläubige Haltung zeige, die im Sinne der Tiefenpsychologie als „Ausdruck einer irrational-ängstlichen und magischen Einstellung" zu interpretieren sei. Es seien „wohl diese Pfarrer, die den Kirchen den Vorwurf eingebracht haben, sie förderten ‚mittelalterliche' religiöse Vorstellungen und die Verdummung der Massen."

93 Prozent der befragten evangelischen Pfarrer und 64 Prozent der katholischen gaben an, der Okkultismus

habe noch einen „großen" Einfluß. Die Wirkungen okkulter Praktiken kämen nicht durch Betrug oder Zufall zustande, sondern seien eine Folge der Praktiken selbst, meinten 40 Prozent beider Konfessionen. Gleichzeitig sei aber vor diesen Praktiken zu warnen, denn sie seien „unchristlich" und „sündhaft", meinten je 90 Prozent.

Rosin und Hammers fiel auf, „daß die Pfarrer die Faktizität und die Wirksamkeit okkulter Praktiken wesentlich seltener bejahen im Vergleich zu der Häufigkeit, mit der sie diese für schädlich halten." Es sei so, „als hätten sie eine ‚magische Angst' nach dem Motto: Okkulte Phänomene gibt es nicht. Falls es sie aber geben sollte, dann wären sie auf jeden Fall gefährlich."

Dieses widersprüchliche Verhalten bemerken Schüler, wenn der Religionslehrer sich weigert, das Thema Spiritismus zu behandeln, weil: „Das ist alles Quatsch und deshalb laßt ihr auch besser die Finger davon."

Die beiden Wissenschaftler deuten ihre Ergebnisse als „Hinweis, daß die sogenannte Okkult-Gläubigkeit, die Verteufelungstendenz und die Wundergläubigkeit bei den Pfarrern zum Teil durch kirchliche Sozialisation gefördert werden." Diese „psychohygienisch bedenklichen Vorstellungen" würden in den Gemeinden verbreitet. Die Kirchen müßten die Verbindungspunkte von Parapsychologie und Theologie überdenken und die Ausbildung der Pfarrer und die religiöse Literatur solle entsprechend beeinflußt werden, „damit nicht weiterhin Angst vor dem Teufel und Wundergläubigkeit propagiert werden", fordern die beiden Wissenschaftler.

Das war Mitte der siebziger Jahre. Daß es auch mehr als zehn Jahre später nicht wesentlich anders aussieht, lassen etliche Veröffentlichungen aus dem kirchlichen Bereich zum Thema Okkultismus vermuten.

Dr. Hermann Josef Beckers, Referent für Sekten- und Weltanschauungsfragen – und damit auch für Jugendokkultismus – im Bistum Aachen, schreibt im Oktober 1986 in „Unsere Seelsorge", einer Zeitschrift des Bischöflichen Generalvikariats Münster:

„Auch die okkultistischen Kräfte sind schöpfungsmäßige Begabungen, und es geht nicht an, die Ausrüstung mit derartigen Kräften von vornherein für satanisch zu erklären. ... Das schulphysikalische und schulpsychologische Weltbild leugnet diese Mysterien zwar noch immer, die christliche Kirche jedoch hat keinen Anlaß, sich auf die Seite dieser Skepsis zu stellen. Über Okkultismus muß also unter dem Vorzeichen von Schöpfung, Fall und Erlösung nachgedacht werden."

Der Sektenbeauftragte der Evangelischen Kirche in Bayern, Friedrich-Wilhelm Haack, wendet sich seit Jahren gegen die Vermischung von Okkultismus und Religion:

„Es kann auch einen okkultistischen Gebrauch von Religion beziehungsweise Versatzstücken von Religion geben. Dann allerdings kann vom christlichen Glauben nicht mehr die Rede sein, wenn etwa im Namen des Dreieinigen Gottes Zaubersprüche aufgesagt oder angebliche wunderwirkende Gebete Gottes gesprochen werden."

Die Frage ist, was von solchen Appellen in den Gemeinden ankommt, wenn gleichzeitig ein katholischer Pfarrgemeinderat in Trier Probleme mit Hilfe eines Pendels auslotet.

Christliche Religion vermischt sich da mit allen möglichen „Weisheiten" zu einer Frömmigkeit, die der Referent für religiöse Bildung im Bischöflichen Jugendamt Münster, Georg Bienemann, an einem Beispiel so beschreibt:

„Bei einem Informationsabend zum Spiritismus lernte ich eine Frau und ihre Tochter kennen, die offen zugab, sie würde regelmäßig durch das Tischchen Totenkontakte haben. Sie selbst bezeichnete sich als sehr religiösen Menschen. Für diese Frau war der Totenkontakt nur in Verbindung mit Gebet zu verantworten. So sprach sie vor und nach ihrer Sitzung ein Ave Maria. Religiöse Zeichen, wie ein Kreuz, befanden sich in ihrer Mitte. Dies sei notwendig, damit der Böse abgehalten werde."

Bienemann stellt fest, daß „religiös sehr geprägte Menschen, erstaunlicherweise mit Frömmigkeitsformen ausgestattet, die eher antiquiert oder zumindest sehr banal wirken, versuchen, ihren Spiritismus (ohne daß sie Spiritisten sein wollen!) in dieser Frömmigkeitswelt zu leben." Bienemann berichtet von Spiritisten, die „Kontakt" zu Maria und auch Jesus hatten.

Konflikte zwischen Expertenwissen, christlicher Lehrmeinung und Volksglauben treten immer wieder offen zutage, bei Informationsveranstaltungen, die meist von der Kirche oder auch der Volkshochschule organisiert werden. Das Interesse an solchen Veranstaltungen ist besonders da groß, wo aufgrund von Presseberichten und persönlichen Erfahrungen ein „spiritistisch-satanistisches Nest" vermutet wird.

Ein solches „Nest" ist 1988 das niedersächsische Bersenbrück. Die Kleinstadt und ihre Umgebung ist ins Gerede gekommen, weil hier der „Ordo Saturni" und die „Esoterische Studiengesellschaft", zwei „Magische Logen", ansässig sind. Ein Lehrer, der in beiden Vereinen führende Positionen hat, soll seine Schüler satanistisch beeinflußt haben. Die Volkshochschule veranstaltet daraufhin eine Informationsveranstaltung unter dem Titel „Schwarze Spiegel – Okkultismus und Magie". Auf dem Podium sitzen Harald Baer, Okkultismus-Experte der Katholischen Sozialethischen Arbeitsstelle in Hamm, Eberhard Bauer, Parapsychologe aus Freiburg und Pastor Joachim Biallas von der Evangelischen Landeskirche Hannover. 200 bis 300 Bersenbrükker füllen die Aula des Gymnasiums, viele Mütter mit Notizblöcken sind dabei, Jugendliche sind rar.

Nach einer längeren Diskussion auf dem Podium beginnt ein Gespräch mit dem Publikum. Und da kommen die Beiträge, erst zaghaft, dann massiv: Eine Mutter berichtet, ihr Kind habe geträumt, wie es von einem ihm bekannten Autofahrer überfahren würde, der Traum sei bittere Realität geworden. Ein älterer Herr meldet sich mit den Worten: „Herr Pfarrer, ich bin ein gläubiger Christ, aber ich sage Ihnen, es gibt mehr zwischen Himmel und Erde, als wir uns träumen lassen."

Der Parapsychologe Bauer zählt mit seiner These: „Gläserrücken können Sie ruhig mal ausprobieren, das bewegt sich wirklich, aber man merkt schnell, das funktioniert nach dem Prinzip: Der Klügere gibt nach", zur – wie er selbst feststellt – „kleinen radikalen Minderheit". Sein Appell, angeblich okkulte Phänomene durch Erfahrungen und Experimente zu entmystifizieren, wird als Rationalismus abgetan. Pastor Biallas rät energisch vom Ausprobieren spiritistischer Praktiken ab, da besonders Jugendliche dadurch seelischen Schaden erleiden könnten. – Applaus.

Ähnliche Erfahrungen macht Pastor Joachim Keden, Beauftragter für Sekten- und Weltanschauungsfragen der Evangelischen Landeskirche Düsseldorf 1989 in Lengerich, am Teutoburger Wald.

Keden, der Gläserrücken mit „psychomotorischen Automatismen" und „Carpenter-Effekt" zu erklären versucht, sieht sich einem äußerst skeptischen Publikum gegenüber, das lieber an Telepathie glauben mag und einem evangelischen Pfarrer aus dem Ort, der an Keden vorbei argumentiert:

„Ich kann Tischerücken nicht als Gesellschaftsspiel anerkennen, denn es steht zu befürchten, daß man die Geister, die man da ruft, nicht wieder los wird."

Kedens These, daß es ein „Kennzeichen der Moderne" sei, „daß Jugendliche in einem bestimmten Alter zeitweilig aussteigen wollen", daß ein solcher zeitweiliger Ausstieg auch der Spiritismus sein könne und daß die Ursachen dafür im „Auseinanderklaffen von körperlicher und psychischer Reife von Jugendlichen" lägen, was wiederum eine Folge der Industriegesellschaft sei, wird kaum akzeptiert. Die Frage ist, ob sich das gerade von Kirchenleuten oft vorgebrachte Argument der „Geister, die man rief" und nicht wieder los wird, nicht gegen die Kirche selbst richtet. Ob sie nicht mit ihrer Lehre von Wundern und Engeln den Boden bereitet für Okkultismus aller Art, und lediglich unterscheidet zwischen dem „guten", dem christlichen Okkultismus und dem bösen, den es zu bekämpfen gilt.

Die Versammlung endet beinahe im Eklat, als eine ältere Dame aufsteht, einen Postkartentext verliest, der offenbar von dem Sektenführer Sri Chinmoy stammt, und nach „viel mehr Liebe" verlangt, um dem Okkultismus Herr zu werden. Von der Mehrheit der Anwesenden erhält sie dafür Applaus.

Für die meisten Jugendlichen ist Spiritismus offensichtlich nicht viel mehr als ein Freizeitspaß, eine Möglichkeit, um die Realität für ein paar Stunden oder Nachmittage zu verlassen.

Die meisten jugendlichen Spiritisten verlieren nach einer Weile das Interesse am „Gespräch" mit den „Geistern". Ohne daß sie das, was sie erlebt haben, befriedigend erklären können, nehmen sie Abstand vom Spiritismus. Erstaunlich ist aber auch, mit welcher Gelassenheit diese Jugendlichen Dinge zur Kenntnis nehmen, die nach ihrer Interpretation eigentlich ein ganzes Weltbild über den Haufen werfen müßten. Jugendliche, die es für möglich halten, mit einem rückenden Glas, Tischchen oder einem Pendel in Kontakt mit Verstorbenen zu treten oder die zumindest paranormale Fähigkeiten für möglich halten, ziehen aus diesen „Erkenntnissen" keine praktischen Schlüsse für ihr Leben.

Daß Spiritismus aber andere Auswirkungen haben und eine ganz andere Funktion erfüllen kann, zeigt das nächste Beispiel.

„Geister" als Lebenshelfer

Eine Hauptschule im Rheinland. Lange hat sich die 9b auf ihre Klassenfahrt gefreut. Den beiden begleitenden Lehrern allerdings ist es etwas mulmig. – Ihre Klasse gilt als besonders „schwierig".

Für den dritten Tag setzt man eine Nachtwanderung an. Allgemeine Begeisterung, nur ein Grüppchen von vier Leuten stimmt dagegen. Zunächst geht alles gut.

Die Klasse durchwandert die von Straßenlaternen erleuchteten Wege in Richtung Ortsausgang. Doch als in einer weniger bewohnten Gegend plötzlich ein Auto um eine Biegung kommt und mit Fernlicht auf die Gruppe zufährt, beginnen die Schwierigkeiten.

„Ihr dürft nicht weitergehen, das war eine Warnung", versucht die 16jährige Sabine ihre Mitschüler zum Abbruch der Wanderung zu bewegen. Ihre drei Freunde stimmen ihr zu. Sabine steht die Angst in den Augen. Bei jedem Geräusch zuckt sie zusammen, jeder Windstoß ist ein Zeichen. Sie gerät in Panik. Auch den Mitschülern und den begleitenden Lehrern ist inzwischen das Lachen vergangen. Sie müssen nun einsehen, daß es den vieren ernst ist. Zum Weitergehen sind sie nicht zu bewegen, in ihrem Zustand kann man sie auch nicht allein zurückgehen lassen. Die Nachtwanderung wird abgebrochen, die Mitschüler sind sauer, die Lehrer ratlos – es fällt das Stichwort Okkultismus.

Die meistens schwarz gekleidete Clique hatte man immer für eine Art „Modepunks" gehalten, daß sie im Unterricht oft teilnahmslos dasaßen, war nichts Ungewöhnliches. Die Hauptschule liegt in einem sozialen Brennpunkt, Arbeitslosigkeit, Familienkrisen, Alkoholismus, Drogen, wenig Geld und wenig Zukunftschancen bestimmen den Alltag der Schüler dort.

Sabine ist ein Kind dieses Milieus. Die Eltern sind geschieden, sie ist als älteste der drei Geschwister eine Art Muttersatz, während die Mutter arbeitet. Die Schule war für Sabine „fast immer nur Zwang", sie kam einigermaßen mit, wurde allerdings zuletzt immer schlechter.

Seit etwa einem Jahr, zum Schluß immer häufiger, beteiligte sich Sabine an spiritistischen Sitzungen. Von

„ganz banalen Spielchen" bis hin zu Fragen nach einer Lehrstelle, dem zukünftigen Partner und den finanziellen Verhältnissen reichen die Fragen an die Geister. Dies ist die weitergehende Variante des Okkultismus bei Jugendlichen. Sie stehen dem durch spiritistische Praktiken heraufbeschworenen Unbewußten wie einer fremden Intelligenz gegenüber und nehmen die „Antworten" der vermeintlichen Geister als Lebenshilfe an.

Aus dem „Gesellschaftsspiel" der Jugendlichen aus Laer wird Ernst, weil die Betroffenen in dem „großen Gesellschaftsspiel" schlechte Karten haben. Schüler pendeln Noten auf dem Schulklo aus, Jugendliche machen die Beziehungen zu Freund oder Freundin vom Votum der „Geister" abhängig, Fragen nach dem zukünftigen Leben – oder dem Tod – der Okkultismus wird zu einer Lebensstrategie, wo andere Strategien versagt haben.

Sabine, 15 Jahre:

„Ich spüre Luzifer in mir, das ist eine Kraft, die steigt von innen auf. Und er sagt mir dann, was ich zu tun oder zu lassen habe. Mit dieser Kraft kann ich anderen Leuten etwas zufügen."

Okkultismus unter Jugendlichen ist ein sozial übergreifendes Phänomen. Doch je schlechter die soziale Situation ist, desto größer die Gefahr, daß der Okkultismus Mittel zur Bewältigung des eigenen Lebens wird. Weniger die Suche nach einem Lebenssinn oder einem neuen Bewußtsein spielen eine Rolle, sondern der ganz alltägliche Nutzen, der von den „Geistern" erwartet wird. Es geht um neue Erfahrungen und Erlebnisse in einer tristen Umgebung, um vermeintliche Macht und

Einfluß auf das eigene Leben in einer als ohnmächtig empfundenen Position. Denn zwischen den in der Gesellschaft vermittelten Werten – Erfolg oder Wohlstand zum Beispiel – und der durch die Sozialstruktur bedingten, ungleichen Verteilung der – legalen – Mittel, diese Werte auch zu erreichen, besteht eine erhebliche Diskrepanz. Erlebnis, Reichtum, Macht, fast jede Werbung verspricht dies, doch der Alltag der Hauptschüler und ihre Zukunftserwartungen sehen anders aus:

Maja, 17 Jahre, Hauptschülerin, Gruftie mit Glaube an übersinnliche Fähigkeiten:

„Wir sind hier, gehen morgens um 8 Uhr zur Arbeit, arbeiten unser Tagespensum durch, kommen abends um 5 Uhr wieder, essen, gucken Fernsehen, gehen ins Bett, stehen morgens wieder auf, gehen zur Arbeit. Und diesen Ablauf, das find ich total arm und völlig traurig, daß die Menschen so eine niedrige Lebensart haben, sich da so reinfallen lassen, daß das so niveaulos ist. Ich meine, der Mensch, der hat Niveau, der muß das nur irgendwo äußern können. Irgendwie finde ich das total niveaulos, immer dasselbe, bis zur Rente, dann hängt man den ganzen Tag zu Hause, pflegt das Grab der Eltern. Irgendwo muß man Geld verdienen, aber nicht in so einem geregelten Ablauf. Deswegen möchte ich auch sowas werden wie Schauspieler, da ist immer was los, man hat nicht den ganzen Tag denselben Trott. Irgendwas Besonderes muß man schon machen, daß man wirklich leben kann. Irgendwie muß man berühmt werden, oder reich, Geld haben, um eben auch hier leben zu können. Die Leute, die sich so abrackern, die ihren normalen alltäglichen Tagesablauf haben, die müssen das ja machen, die haben ja gar keine andere Wahl, das sind die Ärmsten. Die müssen für ihr Geld wirklich akkern. Dann haben sie Geld und was wollen sie mit ihrem Geld. Da können sie zwei Wochen nach Mallorca fahren. Dann verleben sie die zwei Wochen in der größten Hektik, weil sie möglichst viel mitkriegen wollen, knipsen, filmen... und dann gehts wieder von vorn los. Das kann für mich nicht der Sinn des Lebens sein.

Ich kann auch nicht konkretisieren, was für mich der Sinn des Lebens ist, aber irgend einen Sinn wird das Leben wohl haben. In meinen kühnsten Gedankenträumen habe ich mir mal so gedacht, weil ich an so Seelenwanderungen und Wiedergeburt glaube, daß die Seele einem Körper gegeben wird. Ist egal, welchem Körper. Die wird irgendwie beauftragt,... was sie machen soll. Die wandert dann solange weiter, in irgendwelche Körper, bis sie schließlich einen Körper gefunden hat, der diese Sache erfüllen kann. So denke ich mir das und das ist dann für mich irgendwie der Sinn des Lebens, daß dann mein Körper oder der Körper, wo die Seele drin ist, die Sache erfüllen soll. Aber man braucht erstmal die entsprechende Intelligenz und auch irgendwie die entsprechenden übersinnlichen Fähigkeiten. Weil ich finde, jeder Mensch hat übersinnliche Fähigkeiten."

Lebens- und Zukunftsängste äußern fast alle der befragten Okkultisten. Doch während die Bedenken derjenigen mit recht guten Startchancen auf der Ebene „Ozonloch bis Hochrüstung" angesiedelt sind, drehen sich die Ängste der Jugendlichen mit schlechteren Startchancen eher um die Alltagsmisere.

Ines: „Ich versuche jetzt, mit meinem ganz schlechten Hauptschulabschluß eine Lehre zu kriegen, damit ich möglichst schnell von zu Hause weg kann. Und ich denke, mit diesem Hauptschulabschluß reicht es zur Friseuse oder Kfz-Mechaniker."

Der liebe Gott und sein Himmel sind für diese Jugendlichen allenfalls noch ein Bild, aber keine Perspektive mehr, auf die man hinarbeiten kann oder muß. Auch die Hoffnung auf die schrittweise Verbesserung der gesellschaftlichen, wie auch der eigenen Verhältnisse ist dahin. Diese Hoffnung war einst mit der tragende Pfeiler der Gesellschaft und ihres Wertesystems. Konnten Lehrer und Eltern vor Jahren noch darauf verweisen, daß mit einer Ausbildung zum Beispiel die Zukunft gesichert, ein Aufstieg möglich und Zufriedenheit garantiert sei, so kann man heute bestenfalls darauf hinweisen, daß ohne Lehre die Chancen noch schlechter stehen.

Ines: „Das Leben hat wohl Sinn, aber anders rum auch wieder keinen. Das kann man aber so nicht erklären. Also das Leben hat Sinn in meinem Glauben an die Wiedergeburt. Aber wenn ich jetzt diese ganze Welt sehe, diese Regierung, die Umweltverschmutzung, diese Kriege überall, dann hat es keinen Sinn. Wenn ich genau weiß, irgendwann kommts zum großen Flash, wo mal alles ausbricht oder wo es zu dieser Klimakatastrophe kommt, da kann ich mich wirklich selber umbringen. Also bevor ich das miterlebe, dann lieber Harakiri, echt. Oder hier soll gleich die erste Atombombe draufkommen. Aber bis dahin dauert es vielleicht noch ein bißchen. Entweder meine Kinder oder meine Enkelkinder werden das noch erleben. – Falls ich überhaupt welche kriege."

Okkultismus als Suche nach dem Mystischen

Zwischen Geisterglaube, Esoterik und Parapsychologie

Vor einigen Jahren fand an einem nordrhein-westfälischen Gymnasium unter dem Titel „Träume, Illusionen und Wirklichkeiten" eine Projektwoche statt.

Eine Arbeitsgruppe befaßte sich in der Projektwoche mit Parapsychologie. Geleitet wurde sie von einem esoterisch interessierten katholischen Religionslehrer. 16 Jugendliche nahmen teil, die meisten von ihnen waren durch Zufall in der Gruppe gelandet und nicht, weil sie das Thema vorher schon interessiert hatte. So ging es auch Holger, er war zu der Zeit 18 Jahre alt.

Der Lehrer wollte mit den Schülern vor allem die Bedeutung unerklärlicher Phänomene diskutieren. Die Schüler aber waren mehr an praktischen Erfahrungen und Experimenten interessiert. Einige hatten selbst schon Gläser gerückt, andere sich mit esoterischer Literatur befaßt.

Die Grundhaltung der Beteiligten schwankte zwischen Faszination und Skepsis, auf jeden Fall wollte man den Phänomenen so sachlich und systematisch wie möglich auf den Grund gehen.

Am zweiten Tag der Projektwoche trafen sich die 16 und ihr Lehrer abends bei einem Schüler zu Hause im Keller zum Glasrücken.

Was während der Sitzung passiert, beschreibt Holger so:

„Wir haben den Abend gleich so vorbereitet, daß wir recht professionell einen Kassettenrecorder in die Ecke gestellt haben, um alles aufzunehmen und einen Fotoapparat in die Mitte. Wir haben versucht, dem ganzen einen wissenschaftlichen Touch zu geben.

Dann begannen wir mit dem Glasrücken und haben dabei Fotos gemacht.

Das Glas fing an zu rücken. Das Glas bewegte sich und es kamen sinnvolle Wörter raus, aber keine besonders inhaltsvolle Nachricht. Ich und noch ein anderer haben während der Zeit Fotos gemacht. Wir haben einen hochempfindlichen Film benutzt, weil es ziemlich dunkel war, und wir haben die Belichtungszeit variiert, mal ziemlich lang belichtet und mal kurz."

Zum Entwickeln des Filmes findet die Gruppe vorerst keine Zeit, denn schon am nächsten Tag steht „Tonbandstimmenforschung" auf dem Projektwochenprogramm. Holger hat das Thema vorgeschlagen, da eine ältere Bekannte von ihm Mitglied in einem Verein für „Tonbandstimmenforschung" ist und in ihrem Bekanntenkreis Werbung dafür macht, mit einem Tonbandgerät jedermann einen „persönlichen Toten" auf das Band holen zu können. Die Projektgruppe besuchte die Frau.

Holger erzählt: „Sie begrüßte uns und erzählte ihre Philosophie. Das war pure Esoterik, von wegen dem großen Computer, der das ganze All steuert, sinnbildlich gesagt. Von der Energie leben und daß man nicht richtig stirbt. Damit hat sie uns natürlich alle in eine bestimmte Stimmung reingebracht.

Dann haben wir das Experiment gemacht: Tonband eingeschaltet, auf eine bestimmte Frequenz und alle 16, die da waren, stellten ... – ja, sagten irgend etwas zu irgendeiner Person aus ihrem Bekanntenkreis, die schon gestorben war."

Das Tonbandgerät, das die „Geisterstimmen" aufnehmen sollte, war per Überspielkabel mit dem Radio verbunden.

Holger: „Meine Bekannte suchte eine bestimmte Frequenz. Sie nannte sie die Jürgenson-Welle. Das muß irgendeine Frequenz auf der Mittelwelle sein, die der Friedrich Jürgenson benutzt hat, um seine Stimmen zu kriegen. Es war irgendwo zwischen zwei Sendern, es war also Rauschen drauf."

Die „Jürgenson-Welle" schwingt mit 1480 Kilohertz im Bereich der Mittelwelle, zwischen „Radio Moskau" und dem „Österreichischen Rundfunk". Offiziell ist diese Frequenz nicht vergeben, es ist also nur Rauschen zu empfangen oder, wie der Schwede Friedrich Jürgenson behauptet, Geisterstimmen.

In der ersten Stunde des Jahres 1960 will er genau auf dieser Frequenz mit seiner verstorbenen Jugendfreundin Lena kommuniziert haben. Laut Jürgensons Protokollen sagte eine Frauenstimme, die er als eben die Stimme Lenas identifiziert: „Federico (Friedrich, d. A.) war so süß!" In ihrem Gespräch wird das Paar dabei von einer männlichen Stimme gestört, von der die vorgebliche Lena angeblich sagt: „Das war Hitler – er schämt sich nicht – er war hier ..."

Der Rundfunkempfänger wurde also auf diese Frequenz eingestellt und das Grundrauschen aus dem Äther per Überspielkabel auf Band aufgenommen. Erst beim Wiederabspielen sind dann angeblich die Stimmen Verstorbener zu hören.

Holger hat jedenfalls Stimmen gehört:

„Es waren tatsächlich Stimmen auf dem Band. Das klingt unglaublich, das haben wir auch erst gedacht. Aber so ziemlich jeder von uns hat seinen kleinen Schock bekommen.

Das war allerdings so, daß wir erst darauf aufmerksam gemacht werden mußten, wo die Stimme ist und was sie sagt. Meine Bekannte meinte, sie hätte ein besonders geschultes Gehör dafür und hat uns die Stimmen praktisch interpretiert und beim zweiten Ablaufen haben wir sie dann auch vernehmen können. Oder auch zum Teil beim ersten Ablaufen, nach einer Zeit hatten wir ungefähr raus, wo die Stimmen lagen. Es war wirklich komisch, da die Tonlagen der Stimmen wirklich diejenigen waren, an die man gedacht hatte.

Wir haben dann eine dieser Stimmen, die besonders deutlich war, am Ende der Projektwoche jemandem vorgespielt, der die Person gekannt hat. Das war die Stimme eines Mädchens, das mit 16 umgekommen ist. Das war für den ein Schockerlebnis, weil er die Stimme sofort erkannt hat. Sagen mußte man es ihm allerdings auch zuerst. Das ist das Komische an der ganzen Sache. Wir waren auf jeden Fall nach dem Abend alle ganz schön baff.

Am nächsten Tag haben wir versucht, irgendwie eine Erklärung dafür zu finden. Wir haben uns darüber unterhalten, was wir dabei empfunden haben. Ich glaube, wir waren einhellig der Meinung, daß es einfach das ganze Weltbild umgehauen hat, das wir bisher hatten. Das ist wirklich verdammt schwierig, da noch objektiv drüber nachzudenken, wenn du so reingestoßen bist. Du hast nun mal die Stimme gehört und du findest keine natürliche Erklärung."

Die „Geisterstimmen" stecken offensichtlich in dem aufgezeichneten Rauschen. Das kann übrigens nicht nur von der „Jürgenson-Welle" stammen. Weniger technisch versierte „Tonbandstimmenforscher" nehmen einfach mit einem Mikrophon das Rauschen einer laufenden Dusche auf, andere wiederum koppeln das Tonbandgerät mit einem elektronischen Rauschgenerator.

Dafür, daß aus dem Rauschen dann menschliche Stimmen werden, sind keine Geister verantwortlich, sondern das Gehirn desjenigen, der die Stimmen hört. Wer lange genug in den bewölkten Himmel oder auf eine fein gemusterte Tapete starrt, wird irgendwann Gesichter, Gegenstände oder Geister entdecken, je nach Erwartungshaltung. Psychedelische Drogen können diese Fähigkeit noch zu einem Trip in eine andere Welt steigern. Ähnliches geschieht auf akustischem Weg bei der „Tonbandstimmenforschung".

Eine noch „modernere" Form, mit Toten zu „kommunizieren", ist der Kontakt über Video. Der inzwischen verstorbene Feuerschutztechniker Klaus Schreiber machte damit 1985 Furore. Nachdem er in der „RTL-Plus"-Fernsehsendung „Unglaubliche Geschichten" etwas über „Tonbandstimmenforschung" gesehen hatte, begann der Pensionär, mit Videogeräten zu experimentieren und behauptete, in ziemlich verzerrten und verschwommenen Bildern verstorbene Angehörige erkennen zu können. Überzeugte nannten ihn daraufhin „Transkommunikationsforscher".

Die Projektgruppe um Holger experimentierte weiter mit dem Pendel. Ein kleines Gewicht wurde an einer dünnen Kette befestigt, deren anderes Ende um den Zeigefinger des „Mediums" gewickelt wurde. Die Kursteilnehmer gaben für das „Medium" nicht sichtbar auf Zetteln Schriftproben in verstellter Handschrift, damit das „Medium" nicht erkennen konnte, von wem die Schriftprobe stammt.

Das Pendel kann nur mit „Ja" oder „Nein" antworten. Ein Ausschlag nach links kann zum Beispiel „Ja" bedeuten, ein Ausschlag nach rechts „Nein" oder umgekehrt. Manche Pendler arbeiten mit einer Drehung im Uhrzeigersinn oder gegen den Uhrzeigersinn oder mit

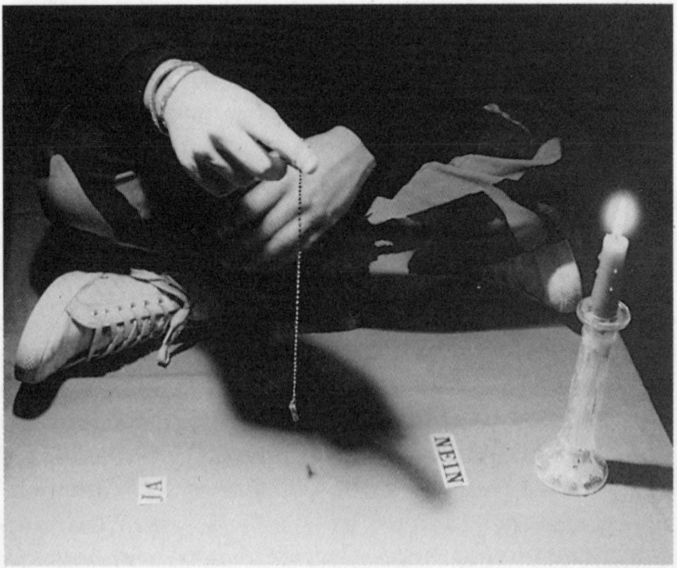

der Unterscheidung zwischen horizontalem Pendeln und Drehen. Um vorher festzustellen, welche Pendelbewegung welcher Antwort entspricht, wird zuerst eine Kontrollfrage gestellt, deren Antwort schon bekannt ist. Fragt Hans also zum Beispiel: „Heiße ich Hans?" und das Pendel schlägt nach rechts aus, dann heißt ein Ausschlag nach rechts eben „Ja" und einer nach links „Nein".

Genauso wie Gläser- oder Tischchenrücken läßt sich das Phänomen mit dem im ersten Kapitel beschriebenen „Carpenter-Effekt" erklären.

Das „Medium" in der Projektgruppe fragte zuerst, ob der/die Urheber/in der Schriftprobe männlich oder weiblich sei und ging dann je nachdem die Liste der Jungen- oder Mädchennamen durch. Da sich die meisten Teilnehmer der Gruppe nicht trauten, selbst zu pendeln, standen nur Holger und ein Freund als „Medium" zur Verfügung. Bei beiden betrug die Trefferquote 100 Prozent. Holger war beeindruckt: „Ich habe auch daran gezweifelt, daß das mit rechten Dingen zuging, aber als ich das dann selber gemacht habe, konnte ich nicht mehr daran zweifeln."

Allmählich fiel die Projektgruppe merklich auseinander. Den einen wurde es zu langweilig, weil nichts Neues mehr passierte, andere wollten mit dem ganzen Zeug plötzlich nichts mehr zu tun haben.

Am Ende der Projektwoche war nur noch ein harter Kern von vier Leuten übrig, die sich trafen, um die Fotos zu entwickeln, die sie am zweiten Abend der Projektwoche beim Gläserrücken gemacht hatten. Holger zur Situation beim Entwickeln:

„Als wir uns getroffen haben, haben wir uns erst ein paar Whiskys genehmigt, das muß ich dazu sagen. Also eigentlich waren wir nicht betrunken, aber so ein bißchen war die Stimmung da.

Dann haben wir uns an das Entwickeln der Fotos gemacht. Was sich dort abspielte, war wirklich reichlich komisch, ich kann dafür bis heute keine Erklärung finden. Die Negative zu entwickeln, war kein Problem. Aber auf den Negativen waren schon Szenen zu sehen, die wir so nicht aufgenommen hatten. Die Negative waren völlig klar, es gab auf jeden Fall keinen Entwicklungsfehler. Die haben genau wiedergegeben, wie der Raum aussah, aber nicht, wie wir ihn aufgenommen hatten. Es waren nämlich noch einige andere Erscheinungen drauf, die keinesfalls etwas mit dem Raum zu tun hatten. Man konnte schon genau erkennen, daß da einiges nicht stimmte. An der Kachelwand war zum Beispiel ein völlig heller Fleck, ein richtiges Loch, das war im Negativ schwarz. So ein richtiges Loch, aus dem sowas wie Lichtstrahlen rauskamen. Wir hatten den Eindruck, daß da eine Gestalt drin sei.

Wir haben von zwei Negativen Abzüge gemacht. Ein drittes Foto, das wir entwickeln wollten, das haben wir sechs- oder siebenmal versucht zu entwickeln, aber das gelang nicht. Ich weiß nicht, was da los war. Vielleicht stimmte etwas mit der Lösung nicht oder so. Vielleicht war der Entwickler zu dünn geworden. Aber das kann ich mir kaum vorstellen.

Komisch war auch, daß auf den anderen beiden Positiven merkwürdige Sachen drauf waren, so Lichtstrahlen. Auf jeden Fall war da was drauf, was auf den Negativen nicht drauf war. Ich muß ganz ehrlich sagen, ich weiß nicht, wie das jemand gedeutet hätte, der nicht in unserer Stimmung gewesen wäre. Wir haben es gedeutet als jemand, der sich von dem Kamin löst und sich eine Totenmaske vor das Gesicht hält. Es waren aber wirklich Gestalten, die sich rausgelöst haben, so sah das aus."

Was an den Fotos tatsächlich dran ist oder nicht, läßt sich nicht überprüfen. Abzüge und Negative gibt es nicht mehr. Holgers Schilderung aber läßt viel Platz für natürliche Erklärungen des Phänomens, angefangen bei den verschieden langen Belichtungszeiten und den außergewöhnlichen Lichtverhältnissen bei der Aufnahme der Fotos, über den Whisky beim Entwickeln, bis hin zu Holgers Bemerkung, man habe beim Entwickeln noch „ein bißchen nachgekippt und dies und jenes gemacht."

Holger betont ausdrücklich die „geisterfreundliche" Stimmung, in der die vier waren. Es sieht so aus, als hätten sie etliche Phantasien und Vorstellungen in die Fotos hineinprojiziert.

Sicher scheint, daß die vier Schüler keinem Trickbetrüger aufgesessen sind, wie dem „Psychofotografen" Ted Serios, der in den sechziger Jahren die Fachwelt in Atem hielt, indem er unauffällig ein Papprölırchen mit Linse und eingebautem Dia vor die Kamera hielt.

Sogenannte „Geisterfotos" gibt es, seitdem die Fotografie in breiten Kreisen populär wurde. Ende des vergangenen Jahrhunderts verdingte sich in Paris der bekannte „Geisterfotograf" Buget. Er fotografierte Bürger, die dafür bezahlten. Nach dem Entwickeln der Fotoplatten entdeckten sie darauf neben sich einen Geist. Ein Pariser Polizist stellte fest, daß Buget die Geister schon vorher auf die Platten belichtet hatte. Bei einer Hausdurchsuchung bei Buget wurden dann etliche „Geister"-Puppen gefunden.

Ebenfalls in die Kategorie „cleverer Betrug" fällt, was der Jugendliche Steven Shaw in einem Labor der Washington Universität in St. Louis vorführte: In Gegenwart von Experten filmte Shaw wahllos mit einer Kamera in dem Labor. Die Experten meinten später auf dem Film eindeutig Dinge zu sehen, die es in dem Labor nun wirklich nicht zu filmen gab: Busen, Oberschenkel und Brustwarzen einer Frau. Parapsychologen waren begeistert von den „Fähigkeiten" des jungen Mannes, bis der gestand, die Fachwelt genarrt zu haben, indem er vor den Aufnahmen auf die Linse der Kamera gespuckt hatte.

Seine Opfer hatte Steven Shaw ganz bewußt ausgesucht: Er wollte beweisen, daß „Wissenschaftler besonders leicht auszutricksen sind, eben weil sie sich für clever halten."

Im Zusammenhang mit „Geisterfotografie" wird häufig die sogenannte „Kirlian-Fotografie" erwähnt. „Eingeweihte", die auch von „Od-" oder „Aura-Fotografie" sprechen, glauben, damit die Existenz von etwas „Feinstofflichem", das den Menschen umgibt, nachweisen zu können.

Bezeichnenderweise war der Erfinder dieser Technik kein Okkultist, sondern ein sowjetischer Elektriker namens Kirlian. Das Ganze funktioniert wie folgt: Ein menschliches Körperteil – vorzugsweise ein Finger oder Zeh – wird auf fotoempfindliches Material gelegt. Auf der anderen Seite des Films oder der fotografischen Platte befindet sich eine Elektrode. Zwischen dem Körperteil und der Elektrode wird nun mittels einer hochfrequenten Hochspannung ein elektrisches Feld erzeugt. Die Entladungen an dem Körperteil sorgen dafür, daß nach dem Entwickeln auf der fotografischen

Unterlage rund um Finger oder Zeh ein Strahlenkranz zu sehen ist. Daß dieser Strahlenkranz nichts mit „Lebens-Od" oder „Aura" zu tun haben kann, sondern Ergebnis eines einfachen physikalischen Effekts ist, hat spätestens der Gerichtsmediziner Otto Prokop gezeigt, dem es gelang, selbst um eine mumifizierte Affenhand einen solchen Strahlenkranz zu fotografieren.

Nach der Projektwoche ließen die Gedanken an die Experimente Holger nicht mehr los. Sein bisheriges Weltbild war ins Wanken geraten:

„Geister, Tod, Leben nach dem Tod – du machst dir darüber keine Gedanken, weil du hast damit nichts zu tun, und dann plötzlich wirst du damit konfrontiert. Es spricht eigentlich dich selber an, dich und deinen Wunsch weiterzuleben und die Angst, deine Existenz zu verlieren. Ich gehe davon aus, daß jeder irgendwie weiterleben will. Es spricht dich also derart extrem an, plötzlich ist da etwas, das du dir nicht erklären kannst, dir einerseits die Hoffnung gibt, daß etwas nach dem Tod ist, das dir andererseits aber auch unheimliche Angst macht, weil da ist irgend etwas, das du dir so überhaupt gar nicht vorgestellt hast: Nachrichten über's Glas, ein paar verzerrte Stimmen durch's Radio...

Das haut das gesamte Weltbild durcheinander. Wir lernen zeit unseres Lebens eigentlich nur, empirisch-mathematisch zu denken. Halt unsere Naturwissenschaften."

Dieses naturwissenschaftliche Denken machte sich auch in der Projektwoche bemerkbar. Die 16 Gymnasiasten und ihr Lehrer setzen sich nicht einfach an einen Tisch und beschwören irgendwelche Geister. Ihre Herangehensweise genügt zumindest vom Vorsatz her den Ansprüchen von Wissenschaftlichkeit. Die Schüler benutzen Forschungsmethoden, als ginge es nicht um Geister, sondern um irgendwelche chemischen Reaktionen oder physikalischen Prozesse, die zu beobachten seien. Da wird ein Kassettenrecorder aufgestellt und die Ereignisse werden fotografiert. Beim Pendeln wird Wert darauf gelegt, daß die Ergebnisse überprüfbar sind. Natürlich hat das alles seine Lücken und von Laborbedingungen kann nicht gesprochen werden, aber es zeigt, daß die Experimentatoren auch das „Übersinnliche" wissenschaftlich beweisen wollen.

Wenn aber auch die Methoden, die Holger und seine Mitschüler anwenden, ihren Ursprung in der Wissenschaft haben, so kann dies nicht darüber hinwegtäuschen, daß der Grundgedanke, das Untersuchungsobjekt, nichts mit Wissenschaft zu tun hat. Wissenschaft und Spiritismus scheinen unvereinbar. Aber gerade Wissenschaft und die von ihr vorangetriebene Entzauberung der Welt wird von vielen Menschen mit Skepsis betrachtet oder gar abgelehnt, scheint doch mit ihr unweigerlich die Erkenntnis verbunden, daß der Mensch nur ein Staubkorn des Universums ist.

Die Erkenntnis, daß das Leben endlich ist und möglicherweise sinnlos, läßt sich auf Dauer nur mit Zynismus überleben, oder eben mit der Hoffnung, daß da noch mehr sei zwischen Himmel und Erde.

Holger über die Gedanken, die er sich nach der Projektwoche gemacht hat:

„...alles ist entstanden, selbst das Weltall...irgendwie ist alles entstanden, irgendwo muß der Anfang gewesen sein und irgendwo muß vor dem Anfang was gewesen sein. Ich habe aufgehört, mir Gedanken zu machen darüber, was Gott ist, weil ich der Überzeugung bin, ich werde es niemals schaffen, ich werde es mit meiner Beobachtungsgabe und meinen körperlichen und geistigen Fähigkeiten einfach nicht schaffen. Ich kann mir keinen Raum vorstellen, der außerhalb der Zeit liegt, ich kann mir keine Unendlichkeit vorstellen. Wie soll ich mir Gott vorstellen können?"

Und weiter: „Für mich ist das alles kein Zufall, das Leben ist nicht reiner Zufall. Ich kann mir das Leben auch nicht erklären als rein chemisch-biologische Reaktion. Der Körper ist sicher nichts anderes als chemisch-biologische Reaktion, aber irgend etwas bewegt den Körper. Das bist du, das bin ich, irgendwie hast du Ideen, es fällt mir schwer zu glauben, daß das einfach irgendwelche Kapriolen sind, die im Gehirn ablaufen.

Wenn ich das Wort ‚Willen' definieren soll, dann würde ich es niemals als eine im Gehirn ablaufende Reaktion definieren. Der Körper ist eigentlich eine geniale Entwicklung, die an sich mit so primitiven Sachen wie Knochen arbeitet und mit Verbrennung, einer Art Verbrennungsmotor und sonstigem. Aber dennoch würde sich nie etwas bewegen. Du kannst Eiweißzellen chemisch erzeugen, aber du kannst niemals den Willen hineinstecken. Du kannst Reaktionen ablaufen lassen, aber da ist kein Willen drin. Irgend etwas bewegt den Körper, irgend etwas bewegt das Gehirn als Steuerungszentrale vielleicht."

Holgers Wortwahl zeigt ganz deutlich, daß er mit Technik und Naturwissenschaften groß geworden ist. Er hat verhältnismäßig detaillierte Kenntnisse über die biochemischen Vorgänge im Körper, wehrt sich aber gegen die letztendliche Konsequenz aus diesem Denken: Daß der Mensch im Prinzip funktioniert wie eine Maschine, nur besser.

Holger streitet nicht ab, daß der menschliche Körper „mit so primitiven Sachen wie Knochen arbeitet" und „einer Art Verbrennungsmotor", doch er hofft, daß da noch etwas Immaterielles dahintersteckt. Darin offenbart sich das Dilemma aller biologischen und medizinischen Erkenntnisse der letzten Jahrzehnte, die dem menschlichen Körper Geheimnis um Geheimnis entringen. Alle diese Erkenntnisse helfen zwar bei der Heilung organischer Krankheiten, aber sie sind ungemein schädlich für das menschliche Selbstwertgefühl.

So muß der Mensch nach etwas suchen, das ihn von einer Maschine unterscheidet, und zwar nicht nur quantitativ: Der Mensch funktioniert wie eine Maschine, aber viel besser, komplizierter..., sondern qualitativ: Der Mensch hat etwas grundsätzlich anderes, was eine Maschine nie haben kann, er hat Bewußtsein oder Willen.

Religiöse Leute haben erstaunlich wenig Probleme, zwei so unterschiedliche Gedankengebilde wie Rationalität im Alltag und Spiritualität im Glauben miteinander zu vereinen.

Nichtreligiöse Leute wie Holger müssen sich diesen Spagat erleichtern. Die beiden Fußpunkte müssen einander näher gebracht werden.

Holger hat sich nach der Projektwoche ausgiebig mit, wie er sagt, „ernsthafter Parapsychologie" beschäftigt. „Parapsychologie" hieß zwar auch das Thema der Projektgruppe, aber das, was die Schüler dort betrieben haben, hält Holger inzwischen für „Spielerei". Die ganzen Versuchsbedingungen waren wissenschaftlich nicht einwandfrei, eigentlich unseriös. Die seriöse Parapsychologie dagegen versucht durch Experimente unter Laborbedingungen, die Kluft zwischen Naturwissenschaft und Okkultismus zu überbrücken.

Holger hat an die „American Society for Psychical Research" geschrieben und seine Erfahrungen geschildert. Er erhielt daraufhin von der Gesellschaft Fachaufsätze über paranormale Phänomene und Sterbeforschung.

Eine weitere Quelle waren Bücher und Aufsätze des Freiburger Parapsychologen Hans Bender.

Holger: „Ich habe von Bender Sachen über PSI-Forschung und Telekinese gelesen und ich mußte natürlich mein altes Weltbild daraufhin überprüfen. An gewisse Formen von Telepathie glaube ich, weil: Warum ist ein Mensch einem anderen auf Anhieb sympathisch? Er ist für mich sympathisch, auch wenn er nicht besonders gut aussieht. Das sind schon Sachen, die sicher existieren, und Telepathie wäre für mich eine Erklärung."

Die Parapsychologie bildet für viele Menschen, die Kontakt mit spiritistischen Praktiken hatten, einen Ausweg aus dem Dilemma. Mit ihrer Hilfe lassen sich ein rational geprägtes Weltbild und die in Erwägung gezogene Existenz von Geistern zumindest für den Hausgebrauch wieder verkitten. Für viele heißt die Erklärung für das rückende Glas, das schwingende Pendel oder die geheimnisvollen Stimmen auf dem Tonband: „Das sind keine Geister, das ist Telekinese, ist doch ganz klar!" (So eine ältere Dame während einer Informationsveranstaltung zum Thema Okkultismus mit dem evangelischen Sektenspezialisten Keden.) Diese Erklärung ist erleichternd – wer lebt gerne mit Geistern im Nacken? –, läßt aber noch genügend Freiraum für die Phantasie.

Parapsychologen wie Hans Bender, sein Nachfolger Eberhard Bauer oder der an der Freiburger Universität lehrende Johannes Mischo hören so etwas aber nicht gern. Der Diplompsychologe Eberhard Bauer von der Freiburger „Wissenschaftlichen Gesellschaft zur Förderung der Parapsychologie" bestreitet energisch, daß Phänomene wie Gläserrücken irgend etwas mit paranormalen Fähigkeiten zu tun haben. Für ihn sind rein mechanische Kräfte am Werk. Überhaupt steht Bauer dem eigenen Forschungsfeld mit einer gehörigen Portion Mißtrauen gegenüber: Der ganze Bereich sei „ein riesengroßer Misthaufen, in dem vielleicht irgendwo eine goldene Nadel liegt."

So bescheiden waren Parapsychologen nicht immer. Während heute meist nur noch von Arbeitshypothesen geredet wird, gingen Parapsychologen vor einigen Jahren meist mehr oder minder sicher davon aus, daß paranormale Kräfte existieren und es nun galt, diese möglichst zielstrebig zu erforschen. Einige Ergebnisse dieser „Forschungen" waren geeignet, die ganze Zunft lächerlich zu machen. Etliche Fälle sind belegt, in denen sich Parapsychologen von Trickzauberern und Betrügern unter „Laborbedingungen" foppen ließen. Unter diesen Opfern ist auch Alt-Parapsychologe Hans Bender. Er bescheinigte Uri Geller, der den Inhalt ganzer Besteckkästen ohne PSI, sondern mit Hilfe einer Quecksilber-Nitrat-Lösung verbog, paranormale Fähigkeiten. Von der breiten Bevölkerung werden solche „Entlarvungen" wenn überhaupt, dann nur sehr widerwillig zur Kenntnis genommen. Uri Geller gilt in weiten Kreisen immer noch als paranormal begabt.

Inzwischen ist die anfängliche Faszination bei Holger etwas abgeklungen. Er studiert jetzt Wirtschaftswissenschaften.

Mit seinen Forschungen ist er irgendwann steckengeblieben, es ging nicht mehr weiter, und von da an hat er sie aus seinem Alltagsleben weggeschoben. Aber viele offene Fragen sind trotzdem übriggeblieben:

„Für mich ist es so, daß ich aus dem Ganzen heute weiß: Es ist unmöglich, das einfach nur abzutun und zu sagen, das war nichts. Es ist wirklich was gewesen und die Fülle der Erzählungen von anderen Leuten, die auch behaupten, es sei was gewesen, beweist eigentlich, daß am Spiritismus etwas dran ist."

Auch einen anderen Teilnehmer der Projektgruppe ließ die Sache so leicht nicht mehr los. Ihn interessierten nicht so sehr die technischen Aspekte wie Holger, ihm hatten es vor allem die Erzählungen und die Lebensphilosophie der „Tonbandstimmenforscherin" angetan. Die Weltsicht vom Kosmos als „großem Computer" und die Vorstellung, daß „alles irgendwie zusammenhängt", übten Faszination auf ihn aus. Holger nennt das Interesse seines ehemaligen Mitschülers an Esoterik einfach einen „Tick": „Der las plötzlich nur noch Bücher über Esoterik und vor allem Meditation. Der ganze Buchmarkt ist ja überschwemmt von Esoterik-Literatur."

Was für die einen ein Tick ist, ist für die anderen die Lebensphilosophie zur Rettung der Welt. – „Die Lebensphilosophie" ist eigentlich schon falsch, denn es geht nicht mehr um ein geschlossenes Weltbild, sondern um die Verknüpfung der Weltbilder und Philosophien der verschiedenen Kulturen der Welt zu einer

„Ganzheitlichkeit". Westliches naturwissenschaftliches Denken soll zum Beispiel mit fernöstlicher Mystik gepaart zu einer neuen Harmonie führen.

Über „New Age" und „Esoterik-Welle" sind inzwischen etliche kluge und viele weniger kluge Bücher geschrieben worden. Dieses Kapitel soll dazu keine Konkurrenz bilden. Die folgenden Ausführungen über die „Esoterik-Welle" kratzen nur an der Thematik – und zwar an den Stellen, die wichtig sind als Hintergrund für Okkultismus unter Jugendlichen, also die öffentlichen und veröffentlichten Aspekte der „Esoterik-Welle". Sie sind die Hauptwegbereiter für eine breite gesellschaftliche Akzeptanz von Unerklärlichem, Mystischem und Okkultem. Okkultismus unter Jugendlichen hängt eng zusammen mit einer zunehmenden Begeisterung für Okkultes unter Erwachsenen, nur die Formen sind dem jeweiligen Subjekt angepaßt. Okkultismus ist in vielerlei Hinsicht das „New Age" der Kinder.

Die „Esoterik-Welle" entstand etwa zeitgleich mit dem Einzug der Computer in Wissenschaft und vor allem ins Alltagsleben Ende der sechziger Jahre und zwar zuerst in Amerika. Das Magazin „Time" sah schon 1969, dem Jahr der ersten Mondlandung, eine „Renaissance des Okkultismus" über Amerika dämmern. Gemeint waren damit nicht Hippies und Ausgeflippte, die jenseits von gesellschaftlichen Konventionen mit Drogen und den verschiedensten Versatzstücken der Weltkulturen experimentierten, um ihr „Bewußtsein zu erweitern", sondern das amerikanische Establishment. „Time" stellte fest, daß von den 1750 amerikanischen Tageszeitungen, die 1969 erschienen, 1200 täglich Horoskope veröffentlichten, 1949 taten das nur 100 Blätter.

Schulen und namhafte Universitäten boten Kurse und Vorlesungen über Hexenkunst und Okkultismus an und 250000 US-Bürger ließen sich von einem mit 19 Millionen „Astral-Daten" gefütterten IBM-Computer der Gesellschaft „Time Pattern Research Institute" für 20 Dollar das Schicksal aus den Sternen deuten. Für sie schien es kein Problem zu sein, gleichzeitig den ersten Amerikanern beim Herumlaufen auf dem Mond per Live-Schaltung zuzugucken.

Es herrscht eine merkwürdige Diskrepanz zwischen der Technikbegeisterung einerseits und der Beschäftigung mit ganz und gar untechnischen, der modernen Wissenschaft in vielem widersprechenden Dingen. Psychiater sahen schon 1969 einen weitverbreiteten Zweifel an der oft beanspruchten Allmacht der Technik. Und dafür gab es 1969 auch gute Gründe. Ein Psychologe schrieb dazu im Wirtschaftsblatt „Wall Street Journal": „Wir sind zwar auf dem Mond, aber wir sind auch in Vietnam." Von Menschen geschaffene Technik bedeutete nicht mehr nur Komfort und Bequemlichkeit, Technik konnte zerstören, Menschenleben im großen Stil vernichten.

Beim genaueren Hinsehen entpuppt sich aber auch die Technikbegeisterung vieler Menschen angesichts der ersten Mondlandung als nicht besonders rational, sondern als eine Mischung aus amerikanischem Pioniergeist und Kalter-Kriegs-Stimmung. Die von der Aufklärung verfochtene Rationalität weicht auch heute häufig einer kritiklosen, irrationalen Technikgläubigkeit, die in ihren bizarrsten Ausprägungen durchaus parareligiös genannt werden kann.

Die inzwischen unter dem Titel „Esoterik-Welle" oder „New Age" firmierende Bewegung erreichte mit etwas

Verspätung auch Europa und hält sich mit allerlei Veränderungen bis heute.

Auffällig ist, daß diese Bewegung zwar äußerlich eine Absetzbewegung von einer rationalistisch/mechanistischen Weltsicht darstellt, gleichzeitig aber tief verwurzelt ist in diesem Denken und nach den Prinzipien des Marktes funktioniert. Kennzeichnend dafür sind die stark kommerzielle Ausrichtung und das „Multikulturelle" – aus allen Kulturen der Welt werden Anleihen genommen. Aus der Sinnsuche wird ein „Sinnangebot", aus dem sich jeder abhängig vom Geldbeutel bedienen kann.

Ende der siebziger Jahre beginnt in der Bundesrepublik die kommerzielle Vermarktung des „Esoterik-Booms". Verlage, Musiklabels, Reiseunternehmen, Bildungswerke, Versanddienste und später Hörfunk- und Fernsehsendungen spezialisieren sich auf den Trend. Nach dem Vorbild linker Polit-Buchläden entstehen weitaus besser gehende Esoterik-Buchläden, die neben einschlägiger Literatur Tarot-Karten, Pendel und Plastikrunen im Sortiment haben. Wenig später beginnen auch die etablierten Buchhandlungen angesichts der spirituellen Konkurrenz, Abteilungen für „Lebenshilfe" oder „Esoterik" einzurichten, die meist im Sachbuchbereich angesiedelt sind.

Neue Reihen wie „Knaur-Esoterik" oder „Lebenschance Esoterik" bei „Goldmann" werden eröffnet. Nicht alles, was da angeboten wird, ist tatsächlich neu. Oft werden Ladenhüter neu aufgemacht auf den Markt geworfen. Durchaus üblich ist es auch, bei Kleinverlagen die Rechte zu erwerben, um ein sogenanntes Standardwerk in der Esoterik-Reihe eines etablierten Verlages zu veröffentlichen. So kommt es dann zum Beispiel, daß Bruno Martins „Handbuch der spirituellen Wege“ nicht mehr umständlich beim „Bruno Martin Verlag“ bestellt werden muß, sondern seit 1985 als Sachbuch der Reihe „rororo transformation“ im Schaufenster steht.

Stark verändert hat sich auch das Angebot der früher meist in den Bereichen Hobby und Freizeit, Fremdsprachen oder politische Bildung tätigen, von Bund oder Land unterstützten Bildungswerke. Galt früher der Kurs für „Autogenes Training“ oder „Yoga“ bei der Volkshochschule als Gipfel der Exotik, bieten heute Bildungshäuser wie das „Sozialpädagogische Bildungswerk“ („sobi“) in Münster zwischen April und Juli 1989 gleich neun Yoga-Kurse, plus zwei Kurse „Yoga für Schwangere“, plus Kurse für „Qi Gong“, „Zen Meditation“, „Tai Chi Chuan“, „Trance & Heilung“, „Holotropes Atmen“, Mandalamalen“ und und und an.

Bei den Printmedien springen vor allem die Illustrierten auf den „New-Age-Zug“. Es beginnt mit Vorabdrucken der Bücher des Erfolgsautors Erich von Däniken in „Hörzu“ und geht über Serien wie „Bilder aus dem Jenseits“ in „Bild der Frau“ (Schlagzeile: „Curd Jürgens seufzte: Ziemlich trocken ist es hier!“), bis zu der Serie „Die großen Propheten: Mit 2000 beginnt das Goldene Zeitalter“ 1989 in „Frau mit Herz“. Während die erstgenannten Beiträge sich noch auf die Wirkung des Mystischen allein beschränken und es dem Leser weitestgehend selbst überlassen, sich über das Gelesene konkrete Gedanken zu machen, bieten gerade „Die großen Propheten“ recht konkrete, dem Zeitgeist entsprechende Utopien an, sei es die Münchner Hellseherin Karin Krug, die prophezeit: „Katastrophen werden die Welt verändern – aber die Menschen werden wieder wie Brüder sein“, oder das angeblich hundertjährige

Väterchen Timofej aus Kiew mit Wohnsitz ebenfalls in München, das CSU-konform weissagt: „Die Mauer wird fallen – Deutschland wird wiedervereint sein". – Wer das schafft? – Der Gorbatschow? – Kann nicht sein, denn für den orakelt die Ex-Fernsehastrologin Elizabeth Teissier im Kölner „Express": „Gorbies Sterne stehen schlecht". Auffallend ist, daß der weitaus größte Teil dieser Artikel und Serien in Frauenzeitschriften veröffentlicht wird.

Vergleichbares zeichnet sich aber auch bei den ähnlich konzipierten Jugendzeitschriften ab. Das Teenager-Blatt „Mädchen" veröffentlicht 1986 „13 neue Orakel", Untertitel: „Magie ist Mode, das Spiel mit der Zukunft macht Spaß. Willst du wissen, wie deine Chancen in der Liebe stehen? Was sich im Alltag tut? Hier 13 neue Orakel-Methoden ..." Das sind große Versprechen, die mit den anschließend erläuterten Methoden „Münzwerfen", „Würfeln" und „Kaffeesatzlesen" kaum erfüllt werden.

Anspruchsvoller geht es in den sogenannten Fachzeitschriften zu. Das Zentralorgan der Bewegung heißt „Esotera". Es erscheint schon seit 1958 im Freiburger „Hermann Bauer Verlag" und hat es vom anfänglichen Geheimtip mit verschiedenen Namen („Okkulte Welt", dann „Okkulte Stimme", dann „Andere Welt") bis 1986 zu einem an jedem Kiosk erhältlichen Vierfarbmagazin gebracht, das monatlich mit etwa 60000 Exemplaren erscheint. Etliche kleinere Magazine, größtenteils Neugründungen der letzten fünf Jahre, stehen daneben. Neben den sehr unterschiedlichen Artikeln über „Neues Denken und Handeln", „Paranormale Erscheinungen", „Geheimes Wissen der Völker" (Rubriken bei „Esotera"), deren Gemeinsamkeit darin besteht, daß sie bestimmte

Themen gezielt anreißen, beim Leser aber hinterher ein mehr oder minder großes Fragezeichen hinterlassen, sind die Kleinanzeigenteile besonders wichtig. Darin werden „Crowley-Tarot-Kurse", „Tantra-Lehrgänge" und „Ionen-Pyramiden" angeboten, sowie für „Schamanen-Feste" geworben. Die Redaktion von „Esotera" legt Wert darauf, daß mit der Wiedergabe einer Anzeige ihrerseits kein Werturteil verbunden sei.

Auch in den elektronischen Medien „New Aged" es gewaltig. Erinnert sei an die inzwischen abgesetzte „Astro-Show" mit Elizabeth Teissier in der ARD oder die „RTL-Plus"-Sendung „Unglaubliche Geschichten", in der Moderator Rainer Holbe 1989 alle mit „spiritistischen Dingen wie Tischerücken oder Pendeln Experimentierende" dazu aufrief, mit einem kürzlich verstorbenen amerikanischen Parapsychologen in Kontakt zu treten, um ihm den Code zur Entschlüsselung einer von ihm hinterlassenen Geheimbotschaft zu entlocken. Die Botschaft ohne Code gab es gegen Rückporto beim Sender.

„New Age" ist multikulturell im negativen Sinne. Im Zeitalter der Charterflüge an die letzten einsamen Strände dieser Welt bedient sich auch das „Neue Denken" an allen Zipfeln dieser Erde. Der „Suchende", der sich über längere Zeit mit einem Phänomen oder einem Kulturkreis auseinandersetzt, bleibt die Ausnahme. Häufig beschränkt sich das Interesse nur auf eine kurze Zeit. Schon wird kritisiert, daß einige „New Ager" sich montags mit Schamanismus, dienstags mit Astrologie, mittwochs mit Runenmagie, donnerstags mit Zen-Buddhismus und so weiter beschäftigen. Für die oft Jahrtausende alten Hintergrundgeschichten der verschiedenen Kulturen bleibt da natürlich kein Platz. Wie man mit der Fernsehfernbedienung zwischen 16 Kanälen hin und her springt, werden Kulturkreise gewechselt und überall ein Häppchen mitgenommen. Diese „Expeditionen" finden wie der Imperialismus des 19. Jahrhunderts ausschließlich in einer Richtung statt, entsprechend dem Nord-Süd-Gefälle. Eine neue, umgekehrte Form des Kulturimperialismus scheint zu entstehen, die den Völkern der sogenannten Dritten Welt nicht westliche Kultur- und Staatsformen mit Grenzen, Bürokratie und „Big Mac" aufdrängt, sondern jetzt die ursprüngliche Kultur dieser Völker in kleinen, leicht verdaulichen Häppchen verschleppt. Der Bereich „New Age"/„Esoterik-Boom" provoziert Kritik und etliche, die vor zehn Jahren hofften, „New Age" könne sanft die Welt verändern, haben sich enttäuscht abgewandt.

Trotzdem bleibt festzuhalten, daß die Motive, die Menschen zum „New Age" führten, heute genauso vorhanden sind wie vor zehn Jahren. Viele Menschen stehen dem vom Geist der Aufklärung geprägten Weltbild immer skeptischer gegenüber. Der Forscherdrang und der Pioniergeist, mit dem der Mensch daran ging, der Welt auch die letzten Geheimnisse zu entreißen und sie sich dabei in einem Abwasch untertan zu machen, ist einer starken Zurückhaltung bis Ablehnung gewichen. Statt nach logischen Erklärungen oder Berechnungsmöglichkeiten suchen etliche Menschen nach dem zumindest teilweise Unberechenbaren, Unerklärlichen, Mystischen. Erwachsene wie Jugendliche, Intellektuelle wie Arbeiter, suchen danach auf ganz unterschiedlichen, ihnen jeweils näherstehenden Terrains. Was für den gelangweilten Großstadt-Yuppie der Tantra-Kurs sein kann, können für den Hausfrauen-Zirkel das Glasrücken und für den punkig gesonnenen Jugendlichen die Dosenbier-Okkult-Party auf dem Friedhof sein.

Okkultismus als Subkultur

Zur Hölle mit der Rockmusik

Der Teufel entdeckte die Rockmusik im Dezember 1968. Mit den Worten:

„Please allow me to introduce myself,
I'm a man of wealth and taste."
(„Erlauben Sie, daß ich mich vorstelle,
Ich bin ein Mann von Welt und Stil.")

stellte er sich dem Publikum vor. Das Medium, auf dem er seine Message unters Volk brachte, war eine schwarze Vinyl-Scheibe, die LP „Beggar's Banquet" der „Rolling Stones". Das Stück hieß „Sympathy for the Devil" – „Sympathie für den Teufel". Dic „Stones" erklärten zu ihrem Stück, daß es ihnen darin keinesfalls um irgendeine religiöse Sinnstiftung ginge, sondern um Provokation. Tatsächlich ist der Text eine Mischung aus Zynismus, politischen Anspielungen und Angriffen auf das heile Amerika:

„I stuck around St. Petersburg,
when I saw it was time for a change.
I killed the Tsar and his ministers –
Anastasia screamed in vain.
I rode a tank, held a generals rank,

when the blitzkrieg raged and the bodies stank."
...
„I shouted out: Who killed the Kennedys?
When after all it was you and me."
...
„Just as every cop is a criminal,
and all the sinners saints,
as heads is tails, just call me Lucifer
'cause I'm in need of some restraint."
...
(„Ich schlich herum in St. Petersburg,
als ich sah, daß es Zeit für einen Wechsel war.
Ich tötete den Zaren und seinen Minister,
Anastasia schrie vergeblich.
Ich fuhr einen Panzer und hatte den Rang eines Generals,
als der ‚Blitzkrieg' tobte und die Leichen stanken."
...
„Ich schrie: Wer hat die Kennedys getötet?
Waren es eigentlich nicht du und ich?"
...
„So wie jeder Bulle (Polizist) ein Verbrecher ist,
und alle Sünder heilig sind,
so wie Köpfe Schwänze sind, nenn' mich einfach Luzifer,
denn mir gegenüber ist Zurückhaltung angebracht.")

Den gleichen Effekt – rote Ohren und Entsetzen bei dem erwachsenen, heilen Amerika und Begeisterung bei der Jugend – hatte Elvis Presley zehn Jahre zuvor noch erreicht, indem er sein Becken lasziv vor einem Mikrophonständer kreisen ließ und erotisch angehauchte Belanglosigkeiten ins Mikrophon stöhnte.

Rockmusik hat ihren Ursprung irgendwo ganz unten, ist Teil einer Subkultur, soll das Etablierte provozieren, gesellschaftliche Normen sprengen. Aber kaum eine subkulturelle Erscheinung ist so gefährdet, gesellschaftlich vereinnahmt zu werden, wie die Rockmusik. Was heute provoziert, kann morgen schon Teil der großen Samstag-Abend-Unterhaltungsshow sein, was heute noch Rock ist, ist vielleicht morgen schon Pop. Einerseits war Rock-Musik zumindest in den sechziger Jahren ein Mittel, um überkommene Normen und Moralvorstellungen abzuschütteln, andererseits half sie dadurch, daß sie Bestandteil der Unterhaltungsindustrie wurde, eben diese Gesellschaft zu stabilisieren.

Die „Rolling Stones" hätten 1968 ihre Becken kreisen lassen können bis zum Bandscheibenschaden, sie hätten damit kaum eine Platte verkauft. Das Tabu von einst war in weiten Teilen der Bevölkerung nicht mehr vorhanden, wer provozieren wollte, mußte neue Grenzen suchen und sie durchbrechen.

Im christlich geprägten Amerika der späten Sechziger war nach langen Haaren, freier Liebe und Drogenkonsum der Teufel ein solches Tabu. Die „Rolling Stones" sangen nicht vom Teufel, weil sie an ihn glaubten, ihn verehrten oder weil sie der Ansicht waren, daß das, was sie sangen, schon längst einmal hätte gesungen werden müssen, sondern weil die große Mehrheit der Amerikaner, Engländer und (mit Verspätung) der Deutschen darüber empört waren, daß sie von ihm sangen.

Der Teufel und die Hölle wurden zu Synonymen für eine Absage an das Establishment. Eine Absage, die sich größtenteils darauf beschränkte, etwas abzulehnen. Es reichte durchaus zu sagen: „Das, was ist, ist scheiße!", eine Alternative, wie es denn anders sein könnte, wurde nicht gefordert – auch keine satanistische.

Etliche Fans eiferten den „Stones“ nach. Motorradgangs hatten auf ihre Kutten – Jeansjacken ohne Ärmel, die über der Lederjacke getragen werden – „Hells Angels“ oder „Red Devils“ stehen und fanden ihren Spaß daran, wenn die Fensterläden zuknallten und die Türen verriegelt wurden, wenn sie in ihrer martialischen Aufmachung durch die Städte dröhnten.

Der Teufel als parareligiöses Element kam für die meisten Musikfans nur am Rande vor. Der amerikanische Filmemacher Kenneth Anger war Schüler des Magiers Aleister Crowley und versuchte den Sänger der „Rolling Stones“, Mick Jagger, dazu zu überreden, in einem Film die Rolle des Satans zu spielen. Jagger war von den Ideen Angers zeitweilig sehr angetan, brach aber den Kontakt zu ihm abrupt ab, nachdem während eines „Stones“-Konzerts in Altamont, am 6.12.1969 ein Jugendlicher getötet wurde. Der 18jährige Farbige Meredith Hunter wurde von Mitgliedern der „Hells Angels“, die als Ordner eingesetzt waren, direkt vor der Bühne erstochen, als die „Rolling Stones“ ihr „Sympathy for the Devil“ spielten. Die Umstände des Todes wurden nie ganz geklärt. Kenneth Anger kommentierte die Distanzierung Jaggers mit den Worten: „Er hatte zuvor die ganze Magie wohl bloß als Spiel verstanden ... und nun war er plötzlich zu sehr involviert, um es noch vergnüglich zu finden.“

Die Okkult-Rockgruppe der frühen siebziger Jahre heißt „Black Sabbath“. Die Gruppe wurde 1969 in Birmingham gegründet und bezog ihren Namen von einem Horrorfilm mit Boris Karloff. Ein Jahr später hatten sie mit „Paranoid“ sowohl in England, als auch in den

USA einen Riesenhit. Obwohl oder gerade weil sie von Musikkritikern beinahe ständig verrissen wurde, kam „Black Sabbath“ mit okkulten Bühnenritualen und Texten à la: „Nimm dir ein Leben, es wird billig. Töte jemanden, niemand wird weinen.“ (aus: „Cornucopia“) vor allem bei der amerikanischen Jugend an.

Lead-Sänger Ozzy Osbourne begründete den Erfolg seiner Band in den USA: „Amerika ist das satanischste Land der Welt. Für Dollars machen die Yankees alles.“

Von religiöser Sinnstiftung ist also auch hier kaum eine Spur zu finden, es ging um Provokation und um Geld.

Die Rock- und Popmusik Mitte der siebziger Jahre kam weitestgehend ohne Satan und Konsorten aus. Erst Anfang der achtziger Jahre kam mit dem „Heavy Metal“ – einer, vereinfacht gesagt, härteren Spielart des „Hard Rock“ der Siebziger – auch der Teufel wieder auf die Bühne, und zwar in zwei Varianten:

Einerseits kamen die alten Herren, wie der inzwischen auf Solopfaden wandelnde Ozzy Osbourne, sowie seine ehemalige Band „Black Sabbath“ wieder mit neuen Platten und Tourneen ins Geschäft. Andererseits entstanden viele neue Bands, die dem „Heavy Metal“ entlehnte Stile, wie „Speed Metal“, „Black Metal“ oder „Death Metal“ spielen.

Vom „Punk“ inspiriert, spielen die Musiker eine extrem einfache Musik, verzichten zum Teil fast völlig auf Melodien. Der Übergang von Musik zu Lärm ist fließend. Während sich „Speed Metal“ durch die kaum noch zu steigernde Geschwindigkeit auszeichnet, in der er gespielt wird (einzelne Schlagzeuger schaffen es, mehr als vier Schläge pro Sekunde auf den Fellen zu landen) und von den Texten manchmal nicht mehr zu verstehen ist, als ein „kurzes Kläffen gewürgter Kampfhunde“ oder ein „letztes letales Kotzen in das große kosmische Toilettenbecken, an dem wir alle eines Tages vorbei müssen“ (Diedrich Diederichsen, Musikjournalist, über die Band „Napalm Death“), sind beim „Black-“ und „Death Metal“ die Texte doch zumindest in Fragmenten verstehbar und meist auf den Plattenhüllen nachzulesen. Die Texte handeln fast ausnahmslos von Tod, Teufel und Gewalt und vor allem durch diese Texte wird die Diskussion um den Teufel in der Rockmusik in den letzten Jahren belebt.

Eine „erschreckende Verherrlichung von Satanismus, Drogen, Tod und Brutalität“ in der Rockmusik macht der Präsident des Deutschen Lehrerverbandes, Josef Kraus, im Juli 1989 aus. Bei Live-Auftritten und auch in Videofilmen trügen bestimmte Rock-Gruppen „extreme Brutalität zur Schau“, Puppen würden geköpft oder erdolcht. Auf den Plattenhüllen fänden sich Satans-Symbole, Drudenfuß, Friedhöfe, Särge, Leichen, Grabschändung, Totenköpfe und Galgen, meint der Lehrerverbandspräsident.

Vor allem Vertreter der Kirchen stoßen sich ebenfalls häufig daran; einige Evangelikale und Pietisten behaupten, die gesamte Rockmusik sei quasi ein Sprachrohr des Gehörnten und der einzige Schutz vor dem Einfluß des Teufels wäre die Abstinenz von jeglicher Rock- und Popmusik.

Ganz fanatische fundamentalistische Christen versammelten sich in den USA bei den Konzerten des Ex-„Black Sabbath“-Sängers Ozzy Osbourne vor den Konzerthallen, verprügelten Konzertbesucher und nahmen ihnen die Eintrittskarten ab. Aus den Platten des angeblich satanistischen Musikers bauten sie Scheiterhaufen, die sie in Brand steckten.

Die alte Legende vom „Back Masking“, der Manipulation des Rockmusikhörers durch rückwärts in die Musik eingespielte Botschaften, die angeblich über das Unterbewußtsein aufgenommen werden sollen, wird von einigen Autoren verbreitet. Nach Ansicht des Professors für Musiktherapie (so nennt ihn sein Verlag) Fernando Salazar Bañol soll das Stück „Stairway to Heaven“ der Gruppe „Led Zeppelin“ rückwärts gespielt die Botschaft „I live with Satan“ („Ich lebe mit Satan“) enthalten. Wir konnten bei Experimenten mit verschiedenen Aufnahmen des Stückes immer nur ein unverständliches Gebrabbel hören, aus dem sich je nach Stimmungslage und Intensität des Zuhörens alles mögliche heraushören ließ. Vollkommen ungeklärt ist zudem auch, wie so eine unbemerkt rückwärts konsumierte Message dann vom Hörer verarbeitet werden soll. Der katholische Okkult-Spezialist Harald Baer hält die Legende vom „Back Masking“ ebenso wie sein evangelischer Kollege Friedrich-Wilhelm Haack für „Schwachsinn“, schließlich sei es nicht einzusehen, warum Gruppen einen derartigen technischen Aufwand betreiben sollten, um dürftige Aussagen rückwärts einzuspielen, wenn sie gleichzeitig im Vorwärtsgang Texte singen wie: „Ich trinke das Erbrochene der Priester, mache Liebe mit der sterbenden Hure“ („Slayer“ in dem Stück „Possessed“). Einige Musiker scheinen sich aber inzwischen einen Spaß aus der „Back Masking“-Legende zu machen. So erklärt eine Gruppe dem verdutzten Hörer von der rückwärtslaufenden Platte: „Du bist gerade dabei, deine Nadel kaputt zu machen.“

Daß sich viele über gewaltverherrlichende Texte und über umgedrehte Kreuze und Totenschädel auf Plattencovern aufregen, ist verständlich, aber nicht verwunderlich, denn das ist ja einer der beabsichtigten Effekte. „Satanismus in der Rockmusik" ist das jedoch nicht.

Der evangelische Religionspädagoge Klaus Erdel zieht nach zwanzigjähriger Beschäftigung mit Rockmusik das Resümee, daß bei manchen Stücken eine Gotteslästerung stattfinde, eine „Blasphemie in höchster Vollendung", daß er aber trotzdem „keinen Schiß" hätte „vor einem okkult-satanischen Eingriff" in die Rockmusik.

Bemerkenswert ist die Szene-interne Kritik, die am „Black Metal" geübt wird.

Europas größtes Hardrock- und Heavy-Metal-Magazin „Metal Hammer" geht 1986 unter dem Titel „Teufelsbeschwörungen und Satanskult im Heavy-Metal" hart mit dem Satan in der Rockmusik ins Gericht. Das Magazin wirft besonders den Musikern von „Venom" (Gift) und „Slayer" (Totschläger) Verantwortungslosigkeit gegenüber ihren Fans vor, die zwischen 13 und 19 Jahren alt seien. Diese „Kids" steckten „noch mitten in ihrer geistig-mentalen Entwicklung" und seien noch längst nicht ausgereift.

„Slayer" und „Venom" gelten als das Non Plus Ultra des „Black Metal". Die erste Langspielplatte der Gruppe „Venom" hatte den Titel „Welcome to Hell" (Willkommen in der Hölle), ihr Cover zierte das Emblem der amerikanischen „First Church of Satan" (Erste Kirche Satans). Ihre zweite LP „Black Metal" gab dann dem ganzen Genre seinen Namen. Die Texte von „Venom" enthalten Passagen, die wie satanistische Glaubensbekenntnisse klingen:

„I'm possessed by all that is evil
The Death of your God I demand
I spit at the virgin – you worship
And sit at Lord Satan's left hand"
(„Ich bin besessen von allem Bösen
den Tod eures Gottes fordere ich
Ich spucke auf die Jungfrau, die ihr verehrt
und sitze zur linken Hand des Herren Satan")

Keiner der von dem Magazin befragten „Metal-Satanisten" wollte viel mit dem Teufel am Hut haben. Auf die Frage, ob sich die Musiker von „Slayer" selbst als Satanisten verstünden, erhielt „Metal Hammer" die Antwort: „Wenn ich diese Frage verneine, würden viele Leute an unserem Image zweifeln. In dieser Beziehung soll jeder für richtig halten, was er denkt." Und auch die bösen Buben von „Venom" erklärten, daß man das nicht überbewerten solle, da sei bei ihnen „schon viel Image dabei". Der einzige, der zugab, sich seit Jahren intensiv mit Okkultismus zu beschäftigen, ist „King Diamond".

Was machen nun die „Kids" mit solchen beschwichtigenden Aussagen auf der einen Seite und dem liebevoll gepflegten Satanisten- oder Okkult-Image ihrer Stars auf der anderen Seite? Dazu zwei unterschiedliche Metal-Fans:

Daniel trägt spitze Stiefel, eine schwarze Lederhose und eine ebenfalls schwarze Lederjacke mit Fransen und je einem silbernen Totenkopf an den Revers. Die schulterlangen schwarzen Haare umrahmen ein blasses, schmales Gesicht. 20 Jahre ist er alt und wartet seit seinem Abschluß an der Abendrealschule auf eine Lehrstelle, möglichst als Industriekaufmann. Zwischendurch hält er sich mit Jobs über Wasser. Er wohnt im Haus seiner Eltern unter dem Dach und gibt das meiste des verdienten Geldes für Konzerte, Platten, Videos und die Fahrten zu entfernteren Diskotheken aus. Sein Hobby heißt Musik, genauer gesagt: „Heavy Metal".

Wie wichtig Daniel die Musik ist, sieht man schon beim Betreten seines Zimmers, vor lauter Konzertplakaten ist kaum noch ein Stück Tapete zu sehen: „Eddy", das Monster-Maskottchen von „Iron Maiden" grinst neben Alice Cooper und Ozzy Osbourne. Neben Stereoanlage und Bett wird das Zimmer von einem großen Farbfernseher mit angeschlossenem Videorecorder dominiert. Daniel hat mindestens hundert Kopien von Horrorfilmen („Ein Zombie hing am Glockenseil", „Zombies unter Kannibalen", „Zombies und...") und Konzertmitschnitten diverser Metal-Bands gesammelt.

Obwohl Daniel genau die angeblich dafür prädestinierte Musik hört, will er mit Okkultismus oder Satanismus nichts zu tun haben: „Ich glaube weder an gute noch an böse Geister." Religionen welcher Art auch immer stehe er sowieso ziemlich skeptisch gegenüber. Das Schwarz seiner Klamotten sei für ihn eine Modefarbe und „Heavy Metal" höre er, „weil der Sound geil ist!"

Natürlich war Daniel auf dem letzten Konzert Ozzy Osbournes in der Dortmunder „Westfalenhalle". Das Konzert war schon im voraus heftig umstritten, Teile der CDU und der katholischen Kirche wollten es verbieten, weil Osbournes Show jugendgefährdend, gewaltverherrlichend und satanistisch sei. Daniel glaubt, daß diese Leute schlichtweg nichts von der Musik verstehen:

„Ozzy Osbourne wird immer verteufelt. Aber von den Vorwürfen ist gar nichts wahr. Die Stimmung da war echt super, da war nichts mit Gewalt und Satanismus. Die Atmosphäre war ganz anders, das war einfach eine große Party."

Besonders ärgert sich Daniel darüber, daß das Video zu Osbournes Stück „Miracle Man" Sendeverbot bekam. Angeblich um auf die Machenschaften des amerikanischen TV-Predigers Jimmy Swaggart aufmerksam zu machen, der sich mit Spendengeldern seinen Spaß mit Prostituierten machte, treibt Ozzy Osbourne in dem Video ein Rudel Schweine durch eine Kirche. Deutsche Christen fühlten sich bei diesem Anblick in ihren religiösen Gefühlen verletzt. Daniel lassen die Schweine kalt: „Schweine in der Kirche – warum nicht? Da ist doch nichts Satanistisches bei."

Ein weiteres Konzert, das Daniel besuchte, wäre beinahe verboten worden. Der 41jährige Vincent Damon Furnier, besser bekannt unter seinem Pseudonym Alice Cooper, durfte seine blutige Bühnenshow während seiner jüngsten Deutschlandtournee in einigen Städten nur in gekürzter Fassung vorführen. Während seiner Konzerte zelebriert Cooper eine grausig-perfekte Horrorshow, in deren Verlauf Puppen die Köpfe abgeschlagen werden und literweise künstliches Blut fließt. Am Ende des Konzertes wird dann Alice Cooper selbst von einem Scharfrichter mittels Guillotine enthauptet. Cooper bezeichnet sich selber als den Erfinder des „Shock Rocks", dessen Hauptanliegen es sei, das Publikum gründlich zu schockieren. Wegen dieser exzessiven Darstellung von Gewalt und seiner gruseligen Aufmachung wird Cooper von Kritikern häufig mit „Satansrockern" wie „Slayer" oder „Venom" in einen Topf geworfen. Cooper selbst zieht aber einen klaren Trennungsstrich zwischen Horror und Satanskult. Dem Magazin „Ultimo" erklärte er: „Es gibt keinen Alice-Cooper-Kult, keine Teufelsanbetung oder so düsteres Zeug. Es ist eine Kombination aus purem Rock und purem Horror." Dazu liefert Cooper sogar den passenden ideologischen Überbau. In der christlich-kirchenkritischen Zeitschrift „Publik-Forum" wird Alice Cooper zitiert: „Wir sind das Endprodukt einer Überflußgesellschaft. Es macht uns Spaß, auf die Bühne zu gehen und zu zeigen, wie weit es mit der Welt gekommen ist."

So ähnlich scheint Daniel das Alice-Cooper-Konzert auch tatsächlich verstanden zu haben: „Ich habe den live gesehen. Das ist echt heiß, was der da so macht auf der Bühne. Aber obwohl der Horror-Shows macht, hat das mit dem Teufel gar nichts zu tun. Das, was der so auf der Bühne macht, ist ziemlich realitätsbezogen. Der erzählt Geschichten. Das hat aber nichts mit irgend etwas Übersinnlichem zu tun."

Auch den Vorwurf, Coopers Show sei gewaltverherrlichend und sexistisch, mag Daniel nicht recht gelten lassen:

„Er hat eine Nutte erstochen. – Hmm sexistisch? – Da war schon viel Gewalt, aber ich glaube: Er will damit nur aufzeigen, was so in der Welt passiert, der spielt das praktisch nur nach."

Was Alice Cooper auf der Bühne praktiziert, sei auf jeden Fall realitätsbezogener, als „ein gammeliger Krimi, wie er im Fernsehen gezeigt wird."

Anstatt des „gammeligen Krimis" guckt Daniel lieber ein Horror-Video aus seiner umfangreichen Sammlung oder aus der Videothek. Einen gut gemachten Horrorfilm könne er „schon ziemlich intensiv erleben", erklärt er. Dabei ginge es natürlich nicht nur um jede Menge Blut oder Tod und Teufel, sondern da müsse schon eine gute Story hinterstecken. Horror-Videos sind ebenso wie „Heavy-Metal"-Musik ein wichtiger Bestandteil von Daniels Freizeit. Er benutzt sie, um sich „so ein bißchen wegzujonglieren, so mit Musik hören oder auch mal ein Horror-Video gucken, das ist für mich schon irgendwie wichtig. Weil, das ist meine Freizeit. Ich höre immer so Rock-Sound, das hat für mich auch so was von Freiheit, von Gut-drauf-Sein. Das ist aber nicht nur mein Lebensgefühl. Also ich bin auch nicht so zufrieden mit meinem Leben. Etwas skeptisch stehe ich der ganzen Gesellschaft schon gegenüber. Aber die einzige Alternative wäre, mich umzubringen, da habe ich aber keinen Bock drauf. Also muß ich irgendwie in dieser Gesellschaft leben. Das fällt mir schon ziemlich schwer, aber ich will das schon versuchen, mache ich ja auch.

Ich kann verstehen, wenn Leute mit der Welt wie sie ist, nicht mehr zufrieden sind und versuchen, in irgendwelchen Sekten oder im Satanismus ihr Heil zu finden. Nur, ich würde das nicht machen, weil ich es für Blödsinn halte."

Gregor ist wie Daniel 20 Jahre, er steht kurz vor dem Abitur. Im Vergleich zu Daniel sieht er eher unauffällig aus. Er trägt Jeans, Turnschuhe und ein Sweatshirt, die blonden Haare sind nur hinten etwas länger und wenn man etwas genauer hinguckt, entdeckt man im linken Ohrläppchen einen merkwürdigen Ohrstecker: eine Art Ziegenkopf – Meister Luzifer.

Anders als Daniel interessiert sich Gregor durchaus für Okkultes. Eine ganze Weile hat er sich sehr intensiv mit Gläserrücken beschäftigt.

Gregor wohnt bei seiner Mutter, sein Vater ist vor Jahren gestorben. In seinem Zimmer fallen ebenfalls die vielen Konzertplakate auf, alles „Metal"-Gruppen. Ansonsten wirkt das kleine Zimmer aber eher normal: Auslegware und furnierte Presspanmöbel – ein Jugendzimmer wie aus dem Katalog eines skandinavischen Möbelgroßhändlers. Am wichtigsten ist die Stereoanlage. Gregor hört, wie er sagt, eigentlich ständig Musik, nur wenn die Hausaufgaben schwer sind, stellt er die Anlage widerwillig für einige Zeit ab.

Ansonsten ist die Musik – und damit meint Gregor „Heavy Metal" – fester Bestandteil seines Lebens:

„Wenn ich mit der Musik alleine bin, dann kann ich mich damit fünf bis sechs Stunden aufhalten, einfach rumgammeln, und dann merke ich, wenn mich etwas bedrückt, daß ich das dann in der Zeit mit mir selber klarmachen kann. Wenn ich Probleme habe, brauche ich nicht unbedingt jemanden, mit dem ich darüber rede. Ich kann das dann mit mir selber ausmachen."

Gregor hört am liebsten „Heavy Metal" mit starken melodischen Elementen und Texten, die sich um mystische Themen drehen. Gregor nennt das „märchen-mäßig, fantasy-mäßig". Sein Lieblingssänger ist Ronnie James Dio, der ehemalige Sänger von „Rainbow", der nach einem kurzen Gastspiel bei „Black Sabbath" inzwischen eine eigene Gruppe namens „Dio" hat:

„Ich finde es gut, wie der Dio in seinen Texten so mehr oder weniger Märchen erzählt und man im Endeffekt immer noch was für sich selbst rausziehen kann. Du kannst immer noch irgendwie die Realität reflektieren.

Es gibt Gruppen, die singen von irgendwelchen tollen, faszinierenden Dingen, und das ist dann alles, da kannst du nichts draus ziehen.

Ich finde das Mystische auch gut, weil es in der Realität nur wenig gibt, was einen so fasziniert. Das gilt auch für den Spiritismus. So mit der Musik hast du eine Chance, Ausflüge zu unternehmen, aus dem reinen analytischen Denken ein bißchen auszubrechen, dir ein bißchen deine eigene Traumwelt aufzubauen. Das ist eine gute Möglichkeit, um mal abzuschalten."

Gregor hört auch „Slayer" und ähnliche härtere Musik. Dann aber nicht, um sich zu entspannen, sondern um sich abzureagieren:

„Da gibt es zum Beispiel eine Gruppe, die machen das sogar so, daß die sich bloß drei Saiten über die Gitarre ziehen, weil die sowieso nur mit dem Plektrum drüber her schrubben. Das klingt dann ziemlich stakkato, ziemlich abgehackt, die Gitarre ist extrem verzerrt, daß es nur Gekratze ist. Da ist auch keine Melodie mehr zu verfolgen, das ist nur noch ein Angeben von Tempo, das ist wie ein Presslufthammer. Das hat die Wirkung, daß du aufgeregt wirst, weil das viel schneller ist als dein Herzschlag, und dann steigt der Blutdruck. Das kann die Wirkung haben, daß diese harten Gitarrenriffs die Leute unwahrscheinlich aggressiv machen. Man kann das bei Konzerten sehen, obwohl das auch oft bloß ein aufgesetztes Verhalten ist. Mir hat man auch schon unterstellt, ich wäre ein aggressiver Typ, weil ich diese Musik höre. Das kann ich aber abstreiten, das ist eher so, daß ich durch diese Musik das, was ich an Aggressionen habe, rauslassen kann."

Schnell ist die Musik tatsächlich, und der Text ist deshalb praktisch nicht zu verstehen. Aber Gregor kennt ihn von der Plattenhülle:

„‚Angel of Death' heißt ein Lied. Da geht es um Hitler, um den Zweiten Weltkrieg, und zwar überhaupt nicht verherrlichend. Die Gewalt und die Ermordung von den ganzen Juden wird nicht verherrlicht, sondern einfach bloß dargestellt. Ich sage mir, die Leute, die das als Verherrlichung ansehen, die sind nicht ganz normal, aber nicht die Leute, die das bloß darstellen. Wenn ich Gewalt schildere und dann Leute sagen, das sei Gewaltverherrlichung, dann sind die pervers."

„Teuflisch gut drauf" sein – „Grufties" und andere „Schwarze"

Coesfeld im westlichen Münsterland. Eine 20000-Seelen-Kleinstadt, ländlich, katholisch. Besondere Kennzeichen: keine. In einem abgelegenen Industriegebiet liegt die „Fabrik".

Die „Fabrik" ist eine Diskothek, Anziehungspunkt für das gesamte Münsterland und darüber hinaus. Die „Fabrik" ist verrufen in Coesfelds Elternschaft – Drogen, Schlägereien, Satanisten, ... so die Einschätzung vieler Coesfelder. Besonders die Freitagabendveranstaltungen sind ins Gerede gekommen. Denn Freitagabend ist „Gruftie-Zeit".

Freitagabend in der Fabrik. Der Parkplatz ist bereits voll besetzt und auch die zugeparkten Straßenränder in dieser sonst einsamen Gegend bezeugen die Attraktivität der Szene-Disco. Zur „Fabrik" gehören ein Café, mehrere Spielautomaten und eine Bar mit Schnellimbiß.

Zentrum des Geschehens ist jedoch die Tanzfläche. Schwarz ist die dominierende Farbe. Jugendliche mit gegen alle Gesetze der Physik gestylten Frisuren stechen ins Auge. An den Seiten sind die Haare wegrasiert, darüber bleiben sie lang und sind mit enormen Mengen von Haarspray entweder senkrecht nach oben zum „Iro“ (Irokesen-Frisur) oder kreisrund zum „Teller“ frisiert.

Auf der Tanzfläche bewegen sich die Jugendlichen zu der Musik von Gruppen, die „Clinic“ oder „Cassandra Complex“ heißen. Diese Musik besteht meist aus einem einfachen Takt, der mit elektronischen Effekten und Geräuschen unterlegt ist. Harmonien sind rar. Das Ganze klingt extrem düster.

Die Fans dieser Musik nennen sich selbst „Schwarze“, denn Schwarz ist die einzige Farbe, die sie akzeptieren. „Schwarze“ ist der Oberbegriff für „Tellerköpfe“, „Caves“, „Gothics“ oder „Grufties“.

Besonders die „Grufties“ fallen durch ihre extravaganten Accessoires auf. Sie sind mit Kreuzen, Pentagrammen, schweren Ketten, Knochen, kleinen Totenköpfen aus Metall und sonstigem Kram behängt, haben schwarze lange Gewänder an, manche sogar richtige Mönchskutten, sind weiß geschminkt und haben als Kontrast um die Augen Kajal aufgelegt. Sie tanzen nicht ausgelassen, sondern ruhig und ernst, manche mit starrer unbewegter Miene, manche wie in Trance. Doch wenn man sie später am Bierstand trifft, dann sind sie, wie Jugendliche in einer Disco eben sind, unterhalten sich mit Kollegen, welches Haarspray „es bringt“, welche Musik gut ist, welches Mädchen man mag, werfen ab und zu einen selbstverliebten Blick in die gegenüberliegende verspiegelte Wand, und warten auf ihr Bier.

Eine neue Subkultur zelebriert sich hier, eine Subkultur, die provoziert und schockt – durch ihre Mode. Eine Anti-Kultur, die durch Stil und Zeichen ihre Ablehnung artikuliert, die aber trotzdem viel friedlicher und unpolitischer ist als viele Jugendsubkulturen zuvor, insbesondere als die der Punks, aus der sie hervorgegangen ist. Während die Punks der frühen achtziger Jahre meist noch fest auf dem Boden der rauhen Wirklichkeit standen und ihre Musikgruppen mit Texten wie „Mollies und Steine gegen Bullenschweine" zwar strittige, aber sehr weltliche Rezepte zum Ausleben von Frustrationen lieferten, ist die Musik der „Schwarzen“ geprägt von einer düsteren Endzeit-Romantik.

Subkultur – das ist immer auch eine Antwort auf die etablierte Kultur. Subkultur ist immer Abgrenzung nach außen und Wiedererkennen nach innen. Während in der Punkkultur Empörung, Provokation und Aufbruch eine große Rolle spielten, heißt „Gruft“ viel mehr Verweigerung und Rückzug.

Subkultur meint aber auch: Einwände und Widersprüche zur Schau stellen, auf Konflikte hinweisen, alltägliche Dinge mit neuen Bedeutungen belegen.

Weiße, leichenblasse Gesichter in einer Zeit, in der Sonnenstudios Hochkonjunktur haben und Bräune als Inbegriff von Erfolg, Jugend und Leistungsfähigkeit gilt. Schwarz als Lebensauffassung, wo Politik und Werbung die Zukunft in Rosarot malen, und der „Jugend von heute“ allenthalben Optimismus bescheinigt wird. Umgedrehte Kreuze, aus ihrem ursprünglichen Zusammenhang gerissen, durchbrechen ein Tabu, Musik von Tod und Teufel schockiert in einer Gesellschaft, in der das Sterben-Müssen verdrängt und ewige Jugend das Ideal ist. Stil als Provokation, Stil als Auflehnung, Stil als Abgrenzung, Stil als Wiedererkennungsmerkmal – Stil ist die Macht der Ohnmächtigen, welches Mitglieder von Subkulturen meistens sind.

Seit viele Medien über den Okkultismus-Boom berichteten und gerade die „Grufties“ zu Satansjüngern stempelten, sind die Antipathien gegen die „Fabrik-Grufties“ und ihre Kollegen in Bochum, in München, in Stuttgart gewachsen.

Okkultismus ist ein durch die Medien gemachtes Thema, und in Wahrheit gibt es ihn nicht – so die Auffassung des Soziologen Ulrich Müller. Aber Jugendkulturen in unserer Zeit sind in der Regel Medienkulturen – und dies aus drei Gründen:

1. Medien spielen bei der Verbreitung und Rezeption von Stil eine wesentliche Rolle. 2. Sie spielen als Medien der Subkultur – sozusagen als gemeinsames Kulturgut – insbesondere in den Bereichen von Musik und Film eine zentrale Rolle. 3. Sie treiben die spätere Integration und Vermarktung entstandener Subkulturen voran. In der Anfangszeit jedoch prägen sie vor allem das Image einer Subkultur und die öffentliche Meinung. Und auf die „Grufties" haben sich die Medien des Außergewöhnlichen wegen mit besonderem Interesse gestürzt. Da werden aus „Grufties" schnell „Friedhofskinder" und aus den „Friedhofskindern" noch schneller „Satanisten", oder, wie es der Barkeeper in der Bochumer Gruft-Disco „Zwischenfall" ausdrückt: „Mit den Jungens hier ist es wie bei den Erwachsenen: Drei sind vielleicht Alkoholiker, zwei kiffen, einer verprügelt seine Frau und einer ist Satanist. Und für den interessieren sich dann alle."

So herrscht bei den Anhängern dieser Subkultur Skepsis über die Berichterstattung. Sie stören sich daran, daß viele Meldungen schlicht falsch sind – aus Sensationsgier oder aus Unkenntnis. Sie haben auch Angst, daß Eltern, Lehrer oder Bekannte glauben könnten, was fälschlicherweise über sie berichtet wird.

Jürgen ist 20 Jahre alt, Schlosser, „Tellerträger" und regelmäßiger „Fabrik"-Besucher:

„Da kamen Berichte im Fernsehen. Motto: Die Grufties sind an allem schuld. Die haben Teufelsanbetungen und Jungfrauenopferungen und so. Da habe ich irgendwann gesagt: Das ist doch totaler Quatsch. Die Grufties gehören genauso zu den Schwarzen wie meinetwegen ein Tellerschädel oder so. Sie ziehen sich fast genauso an, meinetwegen mehr mit Kreuzen und kuttenmäßig. Und da habe ich gesagt, das stimmt doch alles gar nicht. Und jetzt halten sie dich alle für einen Gruftie, für einen Teufelsanbeter und womöglich habe ich noch ein Grab in meinem Zimmer, wo ein Toter drin liegt, ach, nicht 'nen Grab, 'nen Sarg, wa?

Ein Freund von mir aus Bochum, war auch bei diesem Fernsehbericht dabei, den konnte man total gut erkennen. Ein paar Tage später war er seine Lehrstelle los, weil der Chef es gesehen hatte. So krass ist das. Und der geht da auch einfach nur hin, just for fun, und möchte einfach nur am Wochenende gut drauf sein. Ihm gefällt die ganze Szene – und schon sitzt er plötzlich auf der Straße."

Jürgen, der „Schwarze", hat selbst keinen Bezug zu Satanskulten oder ähnlichem:

„Der Teufel hat bei mir eigentlich recht wenig damit zu tun. Das ist eher mit der Musik gekommen. Ich habe irgendwann aufgehört, Disco-Musik zu hören und mich schick anzuziehen. Das war so ungefähr die Zeit, wo ich angefangen habe, Hardrock und Heavy zu hören, dann habe ich Punks kennengelernt, bin ich so da drauf gekommen und irgendwann bin ich halt bei den Schwarzen gelandet. Ich habe mich nur noch schwarz angezogen, weil ich Schwarz schon immer 'ne starke Farbe fand. Das hat gerade so zu der Musik gepaßt. Und dann wurde es ziemlich wild, und da fand ich es halt stark, die Haare hoch zu haben und habe mir einen Teller gemacht.

Für mich ist das – jetzt, wo ihr das schreibt, ist die

Chance, wo ich es sagen kann: Daß die alle behämmert in der Birne sind, die sagen: Du bist schwarz, also bist du ein Teufelsanbeter.

Ich kenne etliche Leute, die sagen: ‚Ich bin ein Gruftie, aber kein Teufelsanbeter.' Ich finde das fetzig, mich nachts auf einem Friedhof rumzutreiben und mir tierisch viele Kreuze um den Hals zu hängen, aber mit Teufelsglaube hat das nichts zu tun."

Ablehnung durch die Gesellschaft und Auflehnung gegen die Gesellschaft – zwei Ursachen für die Entstehung jugendlicher Subkulturen. Manchmal vermischen sich die beiden Motive – doch die meisten „Schwarzen" wollen mit der Gesellschaft nur das Notwendigste zu tun haben, ziehen sich zurück. Sie rebellieren nicht, sie wollen ihre Ruhe.

Jürgen: „Ich glaube, jede Form, zum Beispiel auch die Heavy-Szene, ist irgendwo eine Absage an die Gesellschaft. Die lassen sich lange zottelige Haare wachsen, hauen sich Nieten in ihre Jeans rein, tragen vornehmlich Leder und meistens Cowboystiefel, um brutal zu wirken. Ich sage: Was der Rest macht, ist mir scheißegal. Ich lebe mein Leben, wie ich es will, und damit ihr ganz deutlich seht, was ich tue, rasiere ich mir die Haare platt, mach meine Haare hoch, ziehe mich schwarz an und schminke mich. Ich will wirklich schlecht sein. Ich zeige das ganz krass und deutlich, was ich von dieser Gesellschaft halte. Ich zeige das maximal deutlich, finde ich."

Für René, einen „Schwarzen" mit „Tellerfrisur", hat das Styling mehrere Funktionen:

„Ich widersetze mich den gesellschaftlichen Vorstellungen, indem ich mich einfach anders frisiere. Ich schädige damit letztendlich keinen, aber ich habe die Illusion, ich hätte ein Stück Freiheit mehr als alle anderen. Und als Schwarzer lebt man relativ billig. Wenn ich anders rumlaufen würde, dann müßte ich in andere Läden gehen, da könnte ich im ‚Zwischenfall' nicht ankommen. Und dann müßte ich teure Klamotten anhaben, um reinzukommen. Dafür habe ich kein Geld und darauf habe ich auch keinen Nerv. Weil es sich nicht mit meinen Wertvorstellungen deckt.

So läuft man mit schwarzen Klamotten rum und geht jedes Wochenende ins ‚Zwischenfall'. Der Laden ist billiger als andere. Es gibt viele Läden, wo ein Bier sieben Mark kostet, das kostet hier drei."

Markus, ebenfalls ein „Schwarzer":

„Die meisten Schwarzen, die sieht man in der Öffentlichkeit so in der Woche kaum. Wenn die sich treffen, dann meistens privat. Die wollen unter sich sein, die wollen überhaupt nichts mit der Öffentlichkeit zu tun haben, möglichst alleine sein, um nicht weiter Streß zu haben. Wir sind halt jetzt hier, haben unsere Musik, trinken noch ein paar Bier dabei, wollen unsere Ruhe. Das ist eigentlich das, was die ganzen Außenseiter zusammenfaßt. Irgendwie sich absetzen von dem ganzen Müll."

Ein Ort, an dem viele „Schwarze" ihre Ruhe finden, ist der Friedhof. Auf abgelegenen Landfriedhöfen treffen sie sich Freitag- oder Samstagnacht, mit Kassettenrecorder und Dosenbier, einige auch, um mit „Schwarzen Messen" vergleichbare Rituale zu veranstalten.

Auch Markus zieht es des öfteren dorthin. Ein Freund von ihm hat dort sogar seinen Geburtstag gefeiert.

Markus: „Friedhof ist was Faszinierendes. Man hat seine Ruhe, vor allem nachts. Weil, wer auf einem Friedhof ist – die meisten Leute meiden den Ort nachts – und wenn man dann zu fünft oder sechst dorthin geht, da hat man einfach seine Ruhe. Das ist von allem abgeschieden, da kommt ja nie einer hin. Wenn wir uns zum Beispiel irgendwo auf einen Marktplatz setzen, dann werden wir erstens tierisch angemacht, zweitens: Es dauert keine fünf Minuten, dann ist die Polizei da. Dann werden wir mal wieder gefilzt, da sind wir dann die Satanisten und so."

Daß man die meisten „Schwarzen" während der Woche kaum sieht, liegt aber nicht nur an der Abgeschiedenheit der Plätze, die sie aufsuchen. Es liegt vor allem an einem: Während der Woche sind die meisten „Schwarzen" keine „Schwarzen". Während der Woche sind die meisten „Schwarzen" Schüler, Lehrlinge, Arbeiter, Söhne und Töchter.

Am Wochenende gut drauf sein, ist die Devise. In der Woche, im Alltag, würde es viel zu viel Mühe kosten, „Schwarzer" zu sein. Ein „Teller" oder „Iro" ist nicht in einer Viertelstunde gemacht und auch nicht gerade praktisch. Genausowenig wie die langen schwarzen Gewänder, der schwere Schmuck, die Knochenkette.

Vor allem mühsam aber ist es, sich im Alltag ständig mit den Antipathien der Umwelt auseinanderzusetzen und damit fertig zu werden. Zumal da die Gruppe von Gleichaltrigen, die genauso sind und denken, weit weg ist und keinen Schutz bietet.

Maja, eine 17jährige Hauptschülerin, die zwischen Gruft und Punk pendelt:

„So lange ich noch zur Schule gehe, kann ich so rumlaufen. Das ist allen scheißegal. Ich weiß genau, wenn ich später eine Lehre mache und mich da vorstelle, dann kann ich nicht so dahin kommen. Die denken ja: Satan, weiche von mir!

In meiner Freizeit kann ich dann machen, wozu ich Lust habe. – Ja, irgendwie muß das auch jeder mal einsehen. Man kann nicht immer nur naiv durch den rosaroten Vorhang schauen und sagen: Nein, ich will jetzt aber für immer so rumlaufen. Ich will auch in der Lehre so rumlaufen. Das geht nicht, man muß sich irgendwo anpassen."

Anpassen tun sich auch andere. Bald verkauften teure Modeboutiquen die Gruft-Kluft – oder das, was sie dafür hielten. Dann kamen die großen Modehäuser.

Den anderen Subkulturen ging es ähnlich. Müttern, die sich zu Anfang der Punkkultur noch über die Kleider ihrer Töchter aufregten, gingen bald die Argumente aus. Deren Look war ein paar Jahre später nämlich „in" und Mutti kaufte sich auch so einen Pullover – edler zwar, aber vor allem: teurer.

Das zwiespältige Verhältnis der Erwachsenen zur Jugend und ihren Subkulturen wird in den Familien besonders deutlich. Denn wenn ihre Sprößlinge in schwarzen Klamotten an den Mittagstisch kommen, sehen die meisten Eltern darin immer noch ihr Kind stecken. In den anderen schwarzen Klamotten aber sehen sie oft eben nicht die Kinder von anderen Leuten, sondern nur noch die Klamotten, die „Grufties", die „Satanisten"...

Christoph, „Gruftie", über Eltern und Freunde:

„Meine Eltern gehen davon aus – ich renne zwar spleenig herum, kriege mich öfter deswegen mit denen an die Köppe. Die sagen, ich hätte es nicht nötig und wäre auch ganz patent und gar nicht doof. Und ich sei auch im Grunde ein ganz netter Bursche, mit dem man gut auskommen könne. – O. K. Dann frage ich mal die Eltern eines Freundes. – Er wird wahrscheinlich auch mit denen Clinch haben, daß er so herumläuft und die werden ihm auch sagen: ‚Mein Gott, du bist doch ein netter Junge, du hast das doch gar nicht nötig.' Bei ihm wäre das genau das gleiche. Und wenn man dann mal so rumfragt, dann sitzen wir plötzlich in der ‚Fabrik' da mit dreißig Leuten und alle sagen: ‚Hör mir auf, kenne ich! Ich bin ein lieber Junge, ich habe das gar nicht nötig hier und warum renne ich mit solchen Leuten herum?' Dann müßten die Eltern eigentlich echt froh sein, daß wir solche Leute treffen, die ja alle lieb und artig sind."

Anstößig an den „Schwarzen" bleibt aber vor allem ihre Affinität zum Teufel. Da ist es schwierig zu erklären, daß der Teufel nur ein Symbol ist, ein Symbol, das die einen so verstehen und die anderen so.

Die meisten „Schwarzen" haben keinen Bund mit dem Satan geschlossen, veranstalten keine Satansmessen und schlachten keine Hamster oder Meerschweinchen.

Jürgen: „Der größte Teil von uns fährt nur auf die Musik ab. Was unheimlich in der Gruftie-Szene ankommt, das ist die Musik von ‚Christian Death' oder so ziemlich mystische, ruhige Stücke. Fahre ich auch ziemlich drauf ab, auf mystische, ruhige Musik. Die, die Satansmessen machen und so, die rennen nicht so rum, die wollen unerkannt bleiben."

„Gruftie"-Sein gewinnt so für die meisten den Stellenwert eines liebevoll gepflegten Hobbys, ein Hobby, das Musik umfaßt, Filme, Mode, Frisuren, das Wochenende. Ein Hobby wohl, mit dem sie sich identifizieren – aber keine Religion, kein Kult.

Jürgen: „Also, wenn wir auf der Tanzfläche sind, dann geht es heftig ab. Wenn wir in Aktion sind, das sieht dann echt spaßig aus. Das sind dann unsere Teufelsmessen. Teufelsmesse jetzt in Gänsefüßchen. Teuflisch gut drauf sein, oder teuflisch gute Laune haben."

„Drei Schritte vor und zwei zurück" – Worauf „Grufties" tanzen

Thomas Elbern moderiert auf WDR 1 alle 14 Tage dienstags die Sendung „Graffiti".

Das Programm besteht hauptsächlich aus sogenannter Independent-Musik, Musik von Gruppen, die keinen Vertrag bei einer großen Plattenfirma haben, sondern bei kleinen, unabhängigen Labels.

Thomas Elbern beschäftigte sich in zwei seiner Sendungen mit dem Phänomen okkulter Strömungen in der Independent-Musik und erhielt darauf von vielen Hörern Briefe zum Thema.

Das Interview mit ihm führte Ralph Heller.

Frage: Wie bist du auf die Idee gekommen, in deiner Sendung das Thema Okkultismus aufzugreifen?

Antwort: Mich hat das einfach interessiert. Es gibt viele Stücke in der Richtung, wo man sagen kann, die haben einen leicht okkultistischen Anspruch. Und als ich das dann im „Zwischenfall" gesehen habe, mit den „drei Schritte vor, zwei Schritte zurück" und der ganzen Mode darum, habe ich mir gedacht, da muß doch irgendwas hinter sein. Von Hörern habe ich dann folgende Briefe gekriegt, ich nehm' hier jetzt einfach mal einen raus:

„Das Bild auf der Plattenhülle der neuen LP und Maxi von ‚Alien Sex Fiend' ist der Gruppe wohl etwas entgleist, auch wenn die Texte meist nicht so makaber sind. Bands mit Namen wie ‚Dead can dance', ‚Christian Death' zeigen, daß sich im ‚New Wave', wie im ‚Heavy Metal' und der ‚Black Metal' eine ziemlich dunkle Sparte etabliert hat und nicht erst neuerdings. Ich kann die skurrilen Allüren der Grufties genausowenig verstehen wie die Tat eines Mörders. Dafür muß man wohl Psychiater sein."

Ganz interessant ist dieser Brief: „Bruder! Ich will auch mal was zu spiritistischer Musik sagen. Ich war nämlich ein ‚Gothic' und bin jetzt ein Mystiker. ‚Gothic' war die richtige Mode, Soundtrack, Atmosphäre, Bühne, Zeremonie, Gestik. Mystik ist etwas, was du alleine oder unter deinesgleichen in Stille und Konzentration machst. Natürlich ist sowas zu sensationsträchtig, um es nicht früher oder später als Blickfang einzusetzen. Die Zauberlehrlinge haben sich vermehrt, entsprechend muß ihre Qualität abgenommen haben. Diese spiritistischen Spielchen, wie sie in jedem Blatt beschrieben werden, sind Kinderkram und die satanistischen Rituale sind plumper Symbolismus von gestörten Personen. Ab und zu ist da jemand, der das Zeug hat, ein Zauberer zu werden."

Und da gibt's dann ganz andere Briefe: „Ich will mal ganz trocken einsteigen, da das Thema es verlangt. Zuerst muß man untersuchen, was Satanisten eigentlich bezwecken wollen. Ich sprach mal mit einem Satanisten, der meinte, daß Gott sich um niemanden kümmert, bei Satan man aber überall Zeichen seiner Macht und seines Einflusses sieht. Außerdem hätten die Bösen meistens und die Guten dementsprechend selten Glück. Die betreffende Person versprach sich für ihr individuelles Leben mehr Erfolg, da der Teufel den Seinen ja hilft. Das andere oft gebrauchte Motiv ist das des Selbstschutzes. Wenn ich ihn anbete, so wird er mir kein Leid zufügen. Beide Positionen werde ich im Verlauf des Briefes hoffentlich ausreichend widerlegen."

Er hat sie ziemlich widerlegt. Ich versuch jetzt mal so kurz wie möglich:

„Es gibt nicht nur das Böse sondern auch Satan als reale Gestalt mit Willen und Entscheidungskraft und natürlich eigener Intelligenz. Das bedeutet, der Satanist betet eine böse Person ohne Moral an, denn Moral ist gut. Weiter bedeutet es, daß er ein Wesen verherrlicht, das für die universellen Leiden Hunger, Krieg etc., aber auch für die individuellen Leiden und für die Gewalt im kleinen verantwortlich ist, zumindest indirekt. Vor diesem Leiden will sich der Satanist schützen und zusätzlich noch beruflichen Erfolg, finanziellen Erfolg und ähnliches einheimsen. Außer, daß er sich selber zu einem Diener, in letzter Konsequenz zu einem Sklaven macht, wird der Satanist auch noch von seinem Herrn betrogen, denn dieser hat weder Moral noch Tugend im

Sinn, er wird also keine Treue zu seinen Anhängern haben, sondern diesen nur solange helfen, bis sie für ihn nutzlos sind. Grade in einer Zeit, in der so viel von Rehabilitierung, Integration und sozialer Verantwortung die Rede ist, kann man nicht leichtfertig mit – so lange die uns in Ruhe lassen, lassen wir die auch in Ruhe – argumentieren. Es ist also aus Gründen des Selbstschutzes sowie aus Gründen humanitärer Mitverantwortung ein Muß, sich gegen den Satanismus zu stellen. Entweder passiv durch Verkünden seiner Meinung oder aktiv auf welche Weise auch immer, bis auf Gewalt."

Der nächste ist schon ein bißchen konkreter, der geht mehr auf die Zielgruppe ein:

„Okkultismus, tja das ist so'ne Sache, denk' ich mir. Ziemlich genau war ich auch auf dem Ian Curtis-Trip (Sänger der Band ‚Joy Division', beging Selbstmord, d. A.), ‚EA 80' (Düsterband aus Mönchengladbach, d. A.). Im nachhinein bin ich ganz froh, da wieder raus zu sein, denn ich halte diese Musik für einen ziemlichen Sumpf. Sie bietet einem eine Scheinwelt, in der man sich wohlfühlen kann, wohlfühlen in einem Zustand suizidaler Selbstzufriedenheit und Abgeschiedenheit. Darum ist der normale Gothic auch ein überaus eitles und egozentrisches Wesen. Das entbehrt sicherlich nicht der Lächerlichkeit, wird aber problematisch bei Menschen, deren soziales Umfeld keinen Rahmen bietet, der den Betreffenden Halt gibt. Pubertäre Gläserrücker oder Nietenfetischisten sind in diesem Sinne uninteressant, nur was ist mit den wenigen, den wirklich Kaputten, für die diese Musik eine Droge ist, die zusammen mit anderen schnell zum Selbstmord führen kann. Ich meine, du solltest in ‚Graffiti' Sachen wie

‚Dead can dance', ‚Wire' etc. vermeiden, sind eh langweilig, spiel eher mehr Punk."

Frage: Wann nahm diese Musik-Richtung denn ihren Anfang?

Antwort: Ich kann mich erinnern, vor ungefähr 10 Jahren war ich in London, da war grade die Punk-Zeit vorbei, da sah' ich ein Konzert der „Virgin Prunes" und da hatte sich das ganze Bild mit den Punks und den bunten Haaren komplett verändert. Die Leute hatten wieder lange, schwarzgefärbte Haare, die hatten auf'm Kopf stehende Kreuze umhängen und so. Ich dachte: Wo bist du denn hier gelandet, ist das irgendein Maskenball oder sowas? Aber es war der Anfang der Gothics. Die Gothics waren für mich nichts anderes als neue Hippies. Bei den meisten muß dieser Okkultismus einen romantischen Charakter haben.

Frage: Kannst du dir vorstellen, daß die Musik dieser Grabkapellen tatsächlich Einfluß auf das Seelenleben der Hörer hat?

Antwort: Mit einigen Dingen ist wirklich nicht zu spaßen. Es gibt Musik in der Richtung, wo ich selber das Gefühl habe, die kann ich nur ziemlich spät spielen. Nicht weil sie so böse Texte hat, sondern weil sie recht, recht böse ist. Die ganze Ästhetik der Platte eignet sich wunderbar, um danach einige Beschwörungsrituale abzuziehen. Es gibt einen Sampler, der heißt „Ohrensausen". Dann gibt's „Leila", eine Platte, wo nur auf mit Menschenhaut bespannten Totenschädeln rumgehauen wird und man nur so „oooaaahhhaaaooooaaahhh" hört, diese Dinge.

Das sind wirklich böse Sachen, die sind nicht sehr in

Mode, aber die sind in Insiderkreisen, wenn es wirklich diese Leichenfledderer gibt, wahrscheinlich sehr beliebt.

Also nicht diese ganzen romantischen Dinge. Es gab um '80, '81 so eine Zeit, da war die Musik sehr trist und traurig, „Cure" und viele andere Gruppen, die speziell in diese Richtung gingen.

Ich glaube, 90 Prozent aller Grufties kennen zum Beispiel „Ohrensausen" nicht. Was seh' ich hier auf dem Cover von „Ohrensausen" – wie soll man das beschreiben? – jemand werden die Augen entfernt...

Frage: Der Kopf abgeschraubt und die Gedärme...

Antwort: ...quellen raus. Das Gefühl, das man hat, wenn man das Cover betrachtet, stellt sich spätestens mit dem Hören der Musik ein.

Das hier ist die Platte „Brownbook" von der Gruppe „Death in june". Dieses „Brownbook" hat noch eine andere Bedeutung, die Magie paart sich da mit dem Nationalsozialismus, zum Beispiel „Hail the white grain", da ist ein Stück drauf, wo wirklich Adolf spricht im Hintergrund.

Frage: Das ist interessant, daß dieses okkulte Zeug auch im Dritten Reich so eine Rolle spielte.

Antwort: Deswegen ist das hier auch aktuell, weil die Magie des Dritten Reiches im Geschichtsunterricht total unter'n Tisch gekehrt wurde und da viel zu wenig Aufklärung lief. Insofern hat das für viele Leute eine total magische Bewandtnis, und wenn man die Reden sieht...

Frage: Ja, das hat schon was von Schwarzer Messe. (Von

der Platte erklingt ein langsamer, getragener Ausschnitt aus dem Horst-Wessel-Lied: „...Kameraden, die Rotfront und Reaktion erschossen...", mit deutlich englischem Akzent. Das nächste Stück beginnt mit Wochenschau-Fanfaren, im Hintergrund redet Hitler oder Goebbels. Der Refrain, sinngemäß übersetzt, lautet: Immer wenn ich mich einsam fühle, trink ich einen deutschen Wein und erinnere mich anderer Leben und größerer Zeiten.) Hast du eine Erklärung, warum gerade in der letzten Zeit Musik dieser Art Hochkonjunktur hat?

Antwort: Man muß ja nicht für alles eine Begründung suchen. Aber wenn ich in die Diskotheken gucke, die aktuelle Musik höre und sehe, wie die Leute da drauf tanzen, immer happy und so. Das ist völliger Larifari, was da läuft. Und dieser Larifari ist im Endeffekt gefährlich.

Viele Leute haben eine Sehnsucht nach etwas Tiefem, etwas Bewegendem und nicht nach diesem verdammten „Acid-Larifari". Es ist klar, daß da eine Gegenbewegung entstehen mußte, von Leuten, die bewußt „serious" und „sad" sein wollen und das halt verbinden mit einer speziellen Naturmystik.

Frage: Letztendlich ist das aber unpolitisch und eine Abkehr von irgendwelchem politischen Engagement. Das ist ein sehr starkes In-sich-Zurückziehen, habe ich den Eindruck?

Antwort: Ich glaube, der „Gruftie" wählt nicht.

Bei Frauen ist das auch sehr verbreitet, dieses „Gruftietum", „Gruftiefrauen" kommen den früheren Hippies ein bißchen nahe, in einem Interview in einer Sendung sagte eine zum Thema Sexualität:

„Wenn er mir gefällt, dann geh' ich vielleicht mal mit dem in's Bett, aber das war es dann auch schon."

Also das ist doch irgendwie eine Gegenbewegung, eine subtile, ganz leise Gegenbewegung. Leute, die jetzt nicht mehr Pogo tanzen, die keine Flaschen mehr kaputt schlagen, die auf ganz anderen Bereichen eine Gegenbewegung sind, also so ein Gegentrupp zu Rita Süssmuth zum Beispiel.

Frage: Was glaubst du, bringt Musiker dazu, solche Musik zu machen?

Antwort: Sublimation, die sublimieren wie Schwein mit dem Zeug, wie Tier sublimieren die! Die Welt ist schlecht oder die Welt, die hat Probleme. Irgendwo trauen sie sich nicht, an den Urheber ranzutreten und fangen im Studio an, die Sau rauszulassen, Bänder rückwärts und jetzt noch den Schrei, ganz böse und so weiter. Meine Erfahrung lehrt: Viele Musiker, die ganz bösen Sound machen, sind ganz normale, ruhige, nette Leute.

Okkultismus als Gegenwelt

Sympathie für den Teufel

Satanismus ist die schillerndste Form des Okkultismus. Entgegen der oft publizierten Meinung handelt es sich hier nicht um die Spitze des Eisbergs „Jugendokkultismus“. Denn die Szenen sind grundverschieden. Die meisten Partygläserrücker legen Wert darauf, nichts mit den „Schwarzen“ zu tun zu haben, und die „Schwarzen“ wiederum legen Wert auf ihren Minderheitenstatus, darauf, eben nicht zum „Mainstream“ zu gehören. Einzelne „Karrieren“ vom Gläserrücken zum Satanismus existieren wohl nur in den Medien.

Innerhalb der „schwarzen“ Szene sind auch nur die Kleidung und der Frisurstil homogen. Ansonsten wird differenziert, daß nur noch Insider die feinen Unterschiede kennen. „Gruftie“, „Cave“, „Gothic“ – nur einige Gattungen in der Szene der „Schwarzen“, die nicht in einen Topf geworfen werden wollen. Der eine trägt schwarz, weil er die Farbe einfach gut findet, der andere stellt klar, daß er nicht „okkult“ ist, sondern „mehr so in Richtung Mystik geht“, und nur eine Minderheit der „Schwarzen“ bezeichnet sich als Satanisten – und das meist auch mit einem erklärenden „aber...“

Sonja ist 15 Jahre alt, Schülerin in Hamburg. Sie sieht älter aus, trinkt, raucht, treibt sich gerne mit Jungen herum, weil „das kommt voll niedlich, wenn die Jungs verknallt sind."

Das Grundwertegerüst ihres noch kurzen Lebens kann Sonja in wenigen Worten umreißen: „Rauchen, saufen, vögeln ist doch das Geilste..." Und weil es jemand mitschreibt, der es veröffentlichen will, sagt sie das besonders gern.

An Sonja ist außergewöhnlich, daß sie zu ihrem Lebensstil eine passende, legitimierende Religion praktiziert. Sonja verehrt den Teufel:

„Ich glaube an den Teufel. Gott gibt es auch, aber er hat nicht so viel Kraft. Satan gibt mir Power", beschreibt Sonja ihre Privatreligion. Sie findet dieses „Gut-gut-gut-Sein ätzend", denn: „Gut-Sein probiert jeder, Böse-Sein niemand. – Es gibt Gott und es gibt den Teufel, das Böse. Mit ihm zusammen habe ich keine Angst. Das ist wie ein Hauch, das steigt von innen auf. Das Böse hat etwas Gewaltiges, es drückt mehr aus. Der liebe Gott gibt mir nichts. Aber Luzifer gibt mir Macht."

Wie zu allen Religionen gehört auch zu dieser ein Ritual. Sonja beschwört den Teufel alleine:

„Ich muß das alleine machen, weil ich dann die Kraft spüre, ich kann mich dann besser konzentrieren, da habe ich das Gefühl, mein eigener Herr zu sein. Ich bete vor meiner heiligen Kerze und dann mache ich meine Praktiken: Ich ziehe mir Blut ab, manchmal eine ganze Hand voll oder durchbohre eine Puppe und spreche dabei Gebete, zum Beispiel: Herr, erhöre mich. Die Toten kennen keine Angst. Zerstöre die guten Seelen. Ich bin für dich da, süchtig nach Deinem Fluch."

An den Teufel glauben und ihn anbeten tun auch

Marc (18) und Krabat (22) aus dem Münsterland. Letzterer hat sich ein Pseudonym zugelegt, weil er „schon genug schlechte Erfahrungen gemacht“ hat. Beide entsprechen mit ihrer schwarzen Kleidung, den hoch aufgetürmten Frisuren und den um den Hals baumelnden Kreuzen – richtig und falsch herum – dem Klischee des jugendlichen Satanisten.

Aber so einfach ist es nicht. Zumindest Krabat nimmt seinen Glauben sehr ernst und möchte deshalb differenziert haben:

„Wenn Leute Orgien feiern, mit Blutopfern und so, kann ich mir nur an den Kopf fassen und sagen: Mit Satanismus hat das für mich nichts zu tun, das ist kein Glaube mehr, weil das wirklich nur noch mit Körperlichem zu tun hat. Körperliches und Geistiges läßt sich zwar miteinander verbinden, aber nicht so. Für mich ist Satanismus etwas Geistiges. Wenn das so definiert wird, sage ich: O.K., ich bin Satanist.“

Satanismus ist für beide Auflehnung gegen und Abgrenzung vom Christentum. Marc:

„Satanismus ist mehr als ein Modetick. Es ist eine Auflehnung gegen die Kirche. Weil vielen Jugendlichen, vor allem auch zu Hause gesagt wird: Du gehst jetzt zur Kirche. – Die weigern sich und schlagen in das entgegengesetzte Extrem um. Das ist ein Protest gegen die Erziehung, die in katholischen Elternhäusern stattfindet.“

Und Krabat: „Wogegen ich mich auflehne, ist: Von vornherein bekommt man als Kind den Touch mit, man wird getauft, man kann sich schon mal nicht frei entscheiden, man kriegt einfach gesagt: Du bist jetzt Christ.

Damit hat man sich sein ganzes Leben abzufinden. Wenn ich irgendwo anders geboren worden wäre, wäre ich jetzt Mohammedaner oder sonstwas und dann wäre ich genauso Mohammedaner, wie ich jetzt Christ sein müßte. Glaubensfrage ist eine Sache von Erziehung und keine freie Entscheidung. Ich habe mich jetzt dagegen entschieden, weil ich gesehen habe, was man mit dem Glauben eigentlich bezwecken will.

Es wird immer gesagt: Der liebe Gott bewacht dich, der liebe Gott macht dies und das und wenn du nicht lieb bist, dann kommt der Teufel. Das heißt, man wollte mir eigentlich Gutes tun und sagte: Wenn du stirbst, dann kommst du in den Himmel und dann lebst du ewig und immer. Warum kann man nicht einfach sagen: Leben – Schluß, Ende, Aus. Daß man wirklich irgendwann seine Ruhe hat. Deswegen lehne ich mich gegen diesen ganzen Krempel auf. Weil das für mich nichts mehr hergibt. Jeder kommt an und sagt: Gott ist das Schöne und Liebe und Gute, und wenn du nicht danach handelst, dann hast du bei uns verschissen. Das kann ich einfach nicht akzeptieren. Es wird gesagt, jeder soll seinen Glauben haben, es wird so langsam fast alles toleriert – aber wehe, man spricht Satan an, dann ist man wirklich unten durch – und um so eher gehöre ich diesem Glauben an."

Für Krabat ist Satan „keine Person mit Hörnern, Kuhfuß und Schwanz hintendran, der den ganzen Tag seine bösen Sachen macht." Für ihn ist das einfach der „Gegenspieler", wie er es nennt, zur Kirche:

„Satan ist für mich eine andere Art von Lebensauffassung, gegen dieses gleichförmige Leben. ‚Lebt auf dieser Welt möglichst gut, dann habt ihr euren Seelenfrieden', das ist mir einfach zu flach. Von daher ist Satan für mich eine ganz andere Lebensauffassung. Einfach das tun, was ich will und nicht, was mir irgend jemand anders vorschreibt. Weil man dadurch zu einer ganz anderen Auffassung von seiner eigenen Person kommt. Man gibt eben sein Leben nicht mehr raus, sondern man lebt es richtig selber. Ich bin auch dafür verantwortlich. Das ist eben das, was für mich hinter dem Satansglauben steckt."

Für sein Leben selbst verantwortlich sein und sich dabei von nichts und niemandem einschränken zu lassen, dieser Grundsatz hat satanistische Tradition.

„Tu was du willst, soll sein das ganze Gesetz. Du hast kein Recht, als deinen Willen zu tun" formulierte Anfang dieses Jahrhunderts der geistige Vater des Neosatanismus, Aleister Crowley. Bei allem von ihm praktizierten Okkultismus und Mystizismus ist sein „Gesetz von Thelema" eigentlich eine Absage an alle transzendenten Heilserwartungen:

„Jeder Mann und jede Frau ist ein Stern.
Es gibt keinen Gott außer dem Menschen.
Der Mensch hat das Recht,
nach seinem eigenen Gesetz zu leben,
zu arbeiten, wie er will,
zu spielen, wie er will,
zu ruhen, wie er will,
zu sterben, wann und wie er will.
Der Mensch hat das Recht,
zu essen, was er will,
zu wohnen, wo er will,
zu schreiben, was er will,

zu zeichnen, malen, schnitzen, ätzen,
gestalten und bauen, wie er will,
sich zu bekleiden, wie er will.
Der Mensch hat das Recht,
zu lieben, wie er will,
auch erfüllet euch nach Willen in Liebe, wie ihr wollt,
wann, wo und mit wem ihr wollt!"

Bis dahin formuliert es so ähnlich auch Krabat. Bei Crowley geht es dann aber weiter:
„Der Mensch hat das Recht, all diejenigen zu töten, die ihm diese Rechte zu nehmen suchen.
Die Sklaven sollen dienen.
Liebe ist das Gesetz, Liebe unter Willen."

Was so libertär begann, nimmt bei Crowley am Ende eine Wende ins Faschistoide. Crowleys Protest war in erster Linie antiklerikal. Crowley entstammte einer strenggläubigen Familie der Plymouth-Brethren, einer christlichen Sekte, die stark endzeitlich geprägt war und für die die Johannes-Offenbarung eine große Rolle spielte. Der Satanist Crowley drehte nun das christliche Wertegerüst um 180 Grad. Aus der Johannes-Offenbarung übernahm er die Begriffe das „Tier der Erde", der „Prophet des Antichristen", das „Tier mit der Zahl 666", allesamt Bezeichnungen für das Böse, mit denen er sich jetzt selbst schmückte.

Auch äußerlich blieb Crowleys neue „Religion" in seiner alten verwurzelt. In Cefalu auf Sizilien gründete Crowley die Abtei „Thelema", die ein Gegenkloster der Lebensfreude und der Lebensbejahung sein sollte. In der Abtei wurden sexuell-religiöse Orgien gefeiert und Tieropfer dargebracht.

Fester Bestandteil dieser Gegen-Religion war die „Schwarze Messe“, die Crowley von den Satanisten des Mittelalters übernahm. Das christliche Symbol, das Kreuz, wurde auf den Kopf gestellt, die Hostien waren schwarz und Jesus wurde verflucht.

Besonders kirchliche Sekten- und Jugendreligionsexperten ziehen hier eine kurze Linie von Crowley über die von ihm beeinflußten magischen Logen „Fraternitas Saturni“, „Ordo Saturni“ und ähnlichen, zu den jugendlichen „Gruftie-Satanisten“.

Doch auch wenn sich in Krabats und Marcs Äußerungen einige von Crowleys Gedanken finden lassen, von ihm selbst kennen sie nur den Namen. Zwar sind sie bemüht, möglichst viele Quellen über Magie und Satanismus zu sammeln, aber die Suche blieb bisher schon in den Anfängen stecken. Krabat hat sich ein großes Notizbuch zugelegt, in das er fotokopierte Texte und Zeichnungen einklebt. An diese Quellen kommt er über

Freunde aus dem Ruhrgebiet, wo eine wesentlich üppigere Satanistenszene sprießt.

Ein Berliner Kleinverlag hat es sich zur Aufgabe gemacht, Texte von Crowley, die „Satanische Magie" des „Fraternitas Saturni"-Gründers Gregor(ius) Grosche und das sogenannte „sechste und siebente Buch Moses", das mit dem biblischen Moses nichts zu tun hat, zu veröffentlichen. Die schwarzen Paperbacks finden sich vor allem im Ruhrgebiet in der Abteilung „Esoterik" oder „Lebenshilfe" ganz normaler Buchläden. Gemeinsam haben diese Werke, daß sie relativ teuer sind – für 300 Seiten zahlt man zwischen 40 und 50 Mark – und daß sie zum Teil in altdeutschen Lettern gesetzt und mit Latein vermischt, nur schwer lesbar sind. Eine Buchhändlerin erzählt, daß diese Bücher meist von „jüngeren Kunden gekauft werden, die recht auffällig aussehen. Ich frage mich teilweise, ob die diese Sachen überhaupt verstehen. Ich habe den Eindruck, daß die sich eigentlich etwas anderes davon versprechen."

Beliebter ist dann auch zeitgenössische Literatur. „Ricarda S. – Satanspriesterin" heißt eine der populärsten Quellen. Krabat und Marc haben das Buch beide gelesen. Ricarda S., die inzwischen beim Essener „Sekteninfo" mitarbeitet und zur Vorzeige-Ex-Satanistin wurde, beschreibt dort mit viel „Sex and Crime" ihre mehrjährige Karriere zwischen Strich und Satanszirkel. Das Zeitgeist-Magazin „Wiener" und die Boulevard-Gazette „Express" erstanden Abdrucksrechte. Der „Wiener" ließ für den Voyeur besonders geeignete Szenen von einem Fotografen „originalgetreu nachstellen", der „Express" griff auf Bildmaterial der Sektenszene der „wilden Siebziger" zurück. Diese Artikel kursieren bei jugendlichen „Gruftie-Satanisten".

Überhaupt ist bei Marc und Krabat auffällig, welch geringen Stellenwert die Theorie hat. Wo bei „seriösen" Logen-Satanisten Lehrbriefe und alte Literatur die Grundlage ihrer magischen Praktiken bilden, reichen den „Gruftie-Satanisten" ein paar Fotokopien. Die „Schwarzen Messen" der Jung-Satanisten beziehen sich zwar auf die der Satanisten des Mittelalters, jedoch gibt es bei den Jugendlichen keine feste Form. Das Procedere ist von Gruppe zu Gruppe, von Anlaß zu Anlaß verschieden. Einzelne Gruppen bringen Tieropfer dar und trinken das Blut von Hamstern, Mäusen und kleinen Vögeln, andere lehnen jede Form von Opferungen ab.

Krabat über den Ablauf einer „Schwarzen Messe":

„Wir haben es früher so gemacht, daß wir gesagt haben, dann und dann treffen wir uns. Das haben wir aber bald sein lassen, weil man dann plötzlich alle möglichen Leute da hat, nur nicht die, die man haben will. Wenn du Leute da hast, die da nicht zugehören, dann kannst du das Ganze vergessen. Deswegen wird sowas jetzt immer ziemlich kurzfristig angesagt.

Und wenn einer sagt, nee, heute ist nicht mein Tag, und der gehört zur Stammbelegschaft, dann sagen wir: Ist okay, dann lassen wir es. Das ist immer ziemlich frei. Und eben auch jahreszeitenabhängig. Es sei denn, wir machen es zu Hause bei irgend jemand. Das hängt aber dann davon ab, ob die Eltern zu Hause sind."

Das Ritual unterliegt keinen festen Regeln. Die Gruppe von Marc und Krabat zeichnet einen Kreis mit vielleicht drei Metern Durchmesser in den Staub und in dessen Mitte ein Pentagramm. Bei anderen Gruppen wird das

Pentagramm mit Stöcken gelegt oder durch andere Runenzeichen ersetzt. Wichtig ist die „mystische Atmosphäre", die durch Kerzenbeleuchtung und Musik vom mitgebrachten Kassettenrecorder gesteigert wird. Die Messen finden nachts meist auf einer einsamen Wiese oder auf einem Friedhof statt. Die „Schwarze Messe" ist in erster Linie ein Gruppenerlebnis. Die Beteiligten stellen sich Hand in Hand um den Kreis, sprechen mehr oder minder zusammengestoppelte Gebete, zum Teil auf Latein. Eine mit Schnaps oder ähnlichem gefüllte Tasse im Totenkopfdesign wird bedächtig herumgereicht.

Krabat schildert seine Empfindungen bei einer Schwarzen Messe:

„Das ist sozusagen eine Eigenbeeinflussung, eine Beeinflussung im Unterbewußtsein. Wenn man in einer Menge ist, kann man ziemlich viel bewirken, dadurch, daß man sich auf einer Wellenlänge bewegt. Man findet sich mit einer Gruppe zusammen, die die gleiche Einstellung hat. Mit so einer Gruppe irgendwie geistig was zu bewegen, das ist viel mehr, als wenn ich mich mit ein paar Leuten hinsetze und diskutiere und mir den Schädel einschlage. Das ist für uns einfach so eine Art geistige Tankstelle, könnte man fast sagen. Weil man dadurch selber wieder Energie gewinnen kann, wie andere sich meinetwegen zu Hause hinsetzen und ein Bier trinken und eine rauchen. Das kann man kaum ausdrücken, was da überhaupt dran ist, an so einer Schwarzen Messe.

Marc: „Das Gruppengefühl ist gut dabei. Das ist wie in der Kirche. Die Menge macht's."

Krabat: „Wenn sich viele zusammentun und die gleichen Voraussetzungen gegeben sind, dann hat das schon viel mit Glaube zu tun. Aber das ist eben, was viele Leute erwarten, wenn wir uns zu einer Messe zusammentun, daß dann tierisch was passiert. Haben wir da ein Feuer, dann muß da irgendwie viel Rauch rauskommen – das passiert bei uns zwar auch, aber weil wir Kräuterverbrennungen machen, daß sind dann ja andere Gründe – aber die erwarten, daß dann hier eine Stichflamme kommt oder da ein Nebel, damit man sieht: Satan ist da.

Da frage ich mich: Was erwarten die, wenn die sich in einer Kirche zusammentun? Dann komme ich doch auch nicht an und sage, jetzt muß Gott aber über dem Altar erscheinen. Die meinen wirklich, wenn wir Satanismus machen, dann muß da was ganz Außergewöhnliches passieren.

Für mich geht es aber um diese geistige Ebene, dieses, was über Jahrtausende noch zu uns rübergekommen ist, dieser Mythos, der lebt, und der diese Person Satan leben läßt, aber nur in uns drin und nicht als Person, die man verehren kann. Genauso wie man sagt, von Gott kann man sich kein Bild machen. Gott ist keine Person, sondern Gott ist überall."

Immer wieder verweisen die beiden auf das Christentum als Quelle für ihren Glauben. Marc erklärt:

„Wer sagt, es gibt Gott, muß auch akzeptieren, daß es den Satan gibt. Aber die meisten Leute sagen: Es gibt nur Gott, den Satan gibt es nicht. Oder die anderen, die auch an den Satan glauben, haben Angst vor ihm.

Ich glaube an Gott und an den Satan. Am Satanismus fasziniert mich, daß er verboten ist und daß mehr Beweise für den Satanismus da sind als für den Glauben an Gott. Von daher glaube ich eher an Satan."

Die beiden großen christlichen Kirchen haben Schwierigkeiten mit dem Teufel. Über Jahrhunderte war die Existenz eines bösen Gegenspielers zu Gott unbestritten. Von asiatischen Religionen aber unterschied sich das Christentum in seiner Rangzuweisung. Der Teufel war ein gefallener Engel, der eindeutig schwächer war als Gott.

Trotzdem herrschte im Mittelalter oftmals eine wahre Teufelshysterie. Die Kirche wähnte sich von Teufel und Dämonen geradezu umzingelt und die theologisch fundierte Position der Stärke wandelte sich in eine Wagenburgmentalität. Jeder, der die christlichen Grundsätze und damit natürlich auch die politischen und gesellschaftlichen anzweifelte, stand im Verdacht, mit dem Teufel einen Pakt geschlossen zu haben und riskierte so sein Leben.

Der Einwand, daß das Mittelalter längst vergangen und die Kirche heute weitgehend von rational denkenden Menschen geprägt sei, für die der Teufel keine Rolle mehr spielt, ist nur zum Teil richtig.

Georg Bienemann ist Sektenbeauftragter der katholischen Kirche im Bistum Münster und als solcher oft in Sachen Jugendsatanismus unterwegs. Während einer Informationsveranstaltung wurde er vom Publikum gefragt, ob er denn selbst an einen personifizierten Teufel glaube. Diplomatisch antwortete Bienemann: „Nein, ich glaube an Gott." Und ergänzte: „Der Teufel hat keine Bedeutung für meinen Glauben." Einige Teilnehmer der Veranstaltung beschwerten sich daraufhin beim Bischof über Bienemann, der seinen Untergebenen darauf hinwies, daß er doch bitteschön die kirchliche Lehre zu vertreten habe.

Eine andere Reisende in Sachen Jugendsatanismus, die katholische Religionslehrerin Dr. Angelika Senge, erklärte auf einer ähnlichen Veranstaltung, daß ihrer Meinung nach „die Existenz von Geistern und Dämonen von der Kirche nie geleugnet wurde". Daß es zu diesem Thema von der katholischen Amtskirche kein Dogma gebe, begründete sie damit, daß ein Dogma immer nur dann verfaßt würde, wenn ein Thema in der Kirche umstritten sei: Wo kein Streit, da keine konziliare Beratung und da auch kein Dogma. Im übrigen verwies Frau Senge auf ein „Nachkonziliares Dokument" aus dem Jahre 1975, „Christlicher Glaube und Dämonologie". Das ist zwar kein Dogma, aber eine vom Vatikan autorisierte Studie zum Thema Teufel und in erster Linie eine Antwort auf den „Abschied vom Teufel", den der Lübecker Alttestamentler Herbert Haag 1969 in seinem gleichnamigen Buch nahm. In der Studie werden in der Bibel und in der katholischen Tradition Indizien dafür gesucht, daß der „Teufel Geschöpf ist".

Unter anderem wird Papst Paul VI. zitiert, der von der „furchtbaren, geheimnisvollen und beängstigenden Wirklichkeit" des Bösen sprach und erklärte: „Wer sich weigert, diese Realität anzuerkennen, verläßt den Boden der biblischen und kirchlichen Lehre." Mit solch offiziellen Äußerungen hält sich sein Nachfolger, Johannes Paul II., zurück. Wenn er vom Teufel spricht, legt er Wert auf die Feststellung, daß „das Gute in der Schöpfung" am Ende den Satan besiegen würde, auch wenn vorher noch das Handeln des Satans bei den einzelnen und in der Gesellschaft „viele Schäden geistiger Natur und indirekt auch Schäden physischer Art anrichtet." Es sei aber „nicht ausgeschlossen, daß der böse Geist es in gewissen Fällen soweit treibt, seinen Einfluß nicht nur auf materielle Dinge, sondern auch auf den Leib des Menschen auszuüben", dann spräche man von „Besessenheit vom Teufel" („Osservatore Romano", 29.8.86).

Monsignore Corrado Balducci, der ehemalige Exorzist der Diözese Rom und Diplomat des Heiligen Stuhls, veröffentlichte 1988 das Buch „Il diavolo – ... esiste e lo si puo riconoscere", zu deutsch: „Der Teufel – ... es gibt ihn und wie man ihn erkennt." Nach Balducci gibt es nicht nur einen Teufel. Durch komplizierte Berechnungen will er festgestellt haben, daß die Höllenarmee 1758640176 Teufel umfaßt. Stand 1988. Genug also, um für jeden Satanisten ein kleines Kontingent abzustellen.

Man könnte über diese Dinge den Kopf schütteln und sagen: Der Vatikan hat hohe Mauern, wären da nicht seine Streiter an vorderster Front. Nicht wenige kirchliche Sektenspezialisten betrachten ihre Arbeit als „Kampf um die Seelen".

Die praktizierende Katholikin Angelika Senge ist da vergleichsweise harmlos. Auf die Frage, wie sie denn jugendliche Satanisten therapieren würde, antwortet sie: „Ich würde mir die Waffenrüstung Gottes anlegen, ich würde beten", mit Exorzismus habe das nichts zu tun, das sei ein anderes Thema.

Die schon im ersten Kapitel genannte repräsentative Befragung von Theologen durch Ulrich Rosin und Alwin J. Hammers ergab Mitte der siebziger Jahre, daß 79 Prozent der befragten katholischen Pfarrer den Teufel für ein real existierendes Wesen hielten, von den befragten evangelischen Pfarrern glaubten dies immerhin

40 Prozent. Eine besondere Brisanz haben diese Einstellungen angesichts des gesellschaftlichen „Teufelszeugs", das die Pfarrer in der Umfrage als vom Teufel bewirkt bezeichneten: Kommunismus (47 Prozent kath., 17 Prozent ev.), Atheismus (61 Prozent kath., 28 Prozent ev.), Massenmedien (30 Prozent kath., 15 Prozent ev.), „Sexwelle" (63 Prozent kath., 34 Prozent ev.).

Der Priester einer englischen Kirche, Manfred Himmel, lebt in Detmold und therapiert Okkult-Opfer, die sich telefonisch bei ihm melden können. Er veröffentlicht seine Telefonnummer in „Bild der Frau" und betrachtet das ganze Thema „unter dem Aspekt der Besessenheit".

Um die Welt gingen 1989 die Bilder von der Teufelsaustreibung im Sportpalast in Rom, die mit päpstlicher Billigung von dem sambischen „Wunderheiler" und Erzbischof Emanuel Milingo durchgeführt wurde.

Und auch die evangelische Kirche ist nicht ganz frei vom Teufel. Zumindest fundamentalistische Gruppen lehnen eine textkritische Bibelauslegung ab und im Bereich der Dämonologie herrscht zwischen evangelischen Fundamentalisten und katholischen Traditionalisten weitgehend Einigkeit.

Ganz deutlich: Unter den Theologen sind sicherlich die Haags und die Bienemanns in der Mehrheit, die Balduccis und Milingos sind aber viel markanter und medienwirksamer.

Wie wird man aber als Jugendlicher „Satanist?" Krabat beschreibt seinen Werdegang:

„Also, ich hab mich schon ziemlich zeitig damit auseinandergesetzt, hab schon mit sieben Jahren dagesessen und mir Gedanken darüber gemacht. Wenn ich mir das heute vorstelle, finde ich das auch ein bißchen merkwürdig. Ich habe mir überlegt, wie das mit der Kirche ist und mit Satan. Irgendwann trifft man dann Gleichgesinnte. Damals hatte ich ziemlich viel Ärger, mit Schule, Zuhause, Eltern und Freundin und so, da ist auf einmal alles schiefgelaufen. Ich habe damals mehrere Selbstmordversuche unternommen. Ich bekam dadurch eine ganz andere Beziehung zum Tod. Die Menschen haben immer Angst, daß sie plötzlich sterben. Und wenn man diese Angst vorher überwunden hat, dann hat man auch keine Angst mehr vorm Leben.

Das ist einfach nicht mehr nur noch: Ja, okay, du stirbst und gehst dann in den Himmel hoch, das ist ein ganz anderer Lebensabschnitt. Du sagst: du lebst jetzt und wenn du tot bist, bist du tot. Ich habe da auch total die Beziehung zum Leben verloren, das hat sich auch ziemlich in meiner ganzen Psyche und hinterher noch weiter in der Schule abgezeichnet, da wurde ich noch mieser und schlechter und mit mir konnte keiner mehr reden. Zu Hause habe ich mich total abgekapselt. Teilweise lief ich damals noch mit Knochenketten rum, Kutte und was nicht alles dazugehörte. Die Kreuze, die ich umhatte, bedeuteten, daß ich dem Tod ziemlich nahestand und mit diesen Knochen: Das ist schon fast egal, ob du derjenige bist, der die Knochen trägt, oder ob du selber der Knochen bist."

Die Knochen hatte Krabat zum Teil aus dem eigenen Garten, sie kamen zum Vorschein, als die Familie einen Teich ausheben wollte, zum Teil hatte er sie von Bekannten, die Beziehungen zu Totengräbern hatten.

Inzwischen trägt Krabat keine Knochenketten mehr

und auch die Kreuze hängt er sich nur noch am Wochenende um den Hals. Aber Schwarz ist für ihn immer noch die einzig diskutable Farbe:

„Gerade wenn man in so einer depressiven Phase drinsteckt, dann kann man einfach keine Farben mehr um sich haben. Vorher war Blau meine Lieblingsfarbe und ich habe alles in Blau getragen, aber dann konnte ich es echt nicht mehr haben, da bin ich eben auf Schwarz gekommen und dabei auch hängengeblieben. Heute bin ich zwar meistens gut drauf, aber das ist für mich trotzdem die einzige Farbe, die ich haben kann. Das ist für mich jetzt eine Art Lebensphilosophie. Das hat sich einfach zu fest in mir verankert. Ich will damit nicht sagen, daß ich jetzt mein ganzes Leben so schwarz herumlaufen werde, aber ich werde wohl kaum jemals in meinem Leben in Neon-Klamotten rumrennen, weil dafür mache ich es einfach schon zu lange."

Jugendlicher Satanismus ist fast immer Protest. Dazu gehört die auffällige Kleidung, das sich bewußte Ausgrenzen.

Klaus, 18, faßt das beim Bier an der Theke einer Szene-Diskothek so zusammen:

„Satanist sein, darunter verstehe ich also grundsätzlich, gegen alles mögliche zu sein. Hauptsache: Dagegen. Das ist der Grundgedanke des Satanismus. Und der andere Grundgedanke ist: Alles ausleben, bis zum Gehtnichtmehr. In den maximalen Exzeß rein. Bei allen Sachen: Beim Alkohol, beim Sex, bei Drogen. Man geht hin und sagt: Ich hasse diese Gesellschaft, also mache ich sie platt. So stelle ich mir das vor, so soll das ja auch nach Aleister Crowley geschehen."

Aber warum müssen diese Jugendlichen heute ihren Protest ausgerechnet mittels Satanismus artikulieren?

Aleister Crowley wurde extrem religiös erzogen, und die mittelalterlichen Satanisten lebten in einer Welt, in der Kirche, Staat und Gesellschaft praktisch eins waren. Wer in dieser Zeit rebellierte, rebellierte ganz zwangsläufig gegen die Kirche.

Alle hier zu Wort gekommenen Satanisten stammen aus einer ländlichen Gegend, die stark katholisch geprägt ist. Im Münsterland lassen sich gesellschaftliche Macht und klerikale Herrschaft noch verhältnismäßig leicht auf einen Nenner bringen, zumindest der informelle Einfluß der Kirchen ist hier wesentlich größer als in den Metropolen. Und auch wenn weder Marc noch Krabat besonders religiös erzogen wurden, hatten sie doch ständig diesen reglementierenden Einfluß der Kirche vor Augen.

Die ehemalige Staatsreligion hat ihre Spuren hinterlassen, ihr Wertegerüst ist nach wie vor maßgebend. Nachfolgerin der Religion ist der öffentliche Wertekonsens geworden, der zwar nicht institutionalisiert ist, der aber nach wie vor Anspruch auf Allgemeingültigkeit erhebt. John F. Kennedy nannte diese Form von Religion erstmals „civil religion", und gerade in den USA tritt sie unter dem Namen „moral majority" häufig auf. Sie benutzt genauso wie das mittelalterliche Christentum keine Argumente, sondern Stigmen. Es wird ein Schlachtfeld skizziert, auf dem das Gute gegen das Böse kämpft, wie zum Beispiel das freie Reagan-Amerika gegen das „Reich des Bösen" im Osten.

Diese Religion hat genauso ihre Bekenntnisse, die kaum hinterfragt werden, aber die die moralischen Stützpfeiler einer ganzen Gesellschaft bilden.

Die Zivilreligion dient vor allem dazu, den öffentlichen Frieden zu erhalten. Feinde der öffentlichen Ordnung werden dem Bürger scharf gegenübergestellt. Der Theologe und Psychologe Herbert Will behauptet, dies geschehe nach dem gleichen sozialpsychologischen Muster wie die ehemalige Trennung von Christ und Antichrist.

Einige Okkult-Jäger verfahren genau nach diesem „Gut-kontra-Böse"-Schema.

Der ehemalige Kriminalpolizist und heutige Journalist Horst Knaut veröffentlichte 1979 sein „Testament des Bösen", in dem er Ritualmorde, satanistische Sekten und die RAF über einen Kamm schert.

Der Ostberliner Gerichtsmediziner Otto Prokop versucht in Zusammenarbeit mit seinem westdeutschen Kollegen, dem Juristen Wolf Wimmer, in dem 1987 in zweiter Auflage erschienenen Büchlein „Der moderne Okkultismus" den okkulten Teufel mit dem Bürgerlichen Gesetzbuch bzw. mit seinem DDR-Pendant auszutreiben. In einer an Militanz kaum zu überbietenden Sprache („Im Angesicht der Gefahr für die Volksgesundheit erachten wir uns als verpflichtet, zur Trockenlegung dieses Sumpfes beizutragen", so in der Einleitung) vertreten die beiden Autoren die These, daß man nur die bestehenden Gesetze konsequent anwenden müsse, um das Problem zu lösen. Diese „law-and-order"-Mentalität hat nichts mit der von Prokop und Wimmer immer wieder beschworenen Vernunft zu tun, sondern ist verfangen im Mythos des Kampfes der Guten (Prokop, Wimmer) gegen die Bösen (Okkultisten, Parapsychologen, Hexen, Wünschelrutengänger, Astrologen . . .). Statt komplexe Zusammenhänge zu erläutern und deren Ursachen zu ergründen, benutzen Prokop/Wimmer die einfache Schwarz-Weiß-Schablone von Verführern und Verführten.

Okkultismus und Politik

Blut und Boden und Magie

„Mystik ist für mich der Versuch, in der heutigen Umgebung zufrieden zu sein. Ich betreibe keine Kulte oder so. Ich fühle mich auch keiner Religion zugehörig. Ich bin zwar offiziell katholisch, aber das gibt mir absolut nichts. – Da haben sich dann irgendwann Grundeinstellungen rausgeprägt. Einfach nur mit dem zufrieden sein, was man hat, ist nicht leicht, heutzutage. Man überlistet praktisch seine eigene Psyche, um zufrieden zu sein.

Das Mystische daran ist einfach dieses Gefühl, dazuzugehören, zu allem, dieser Teil vom Gesamten zu sein. Für mich ist Harmonie einfach unheimlich wichtig. In einem demokratischen System ist das nicht möglich, weil da so viele Meinungen aufeinandertreffen, deshalb bin ich für das nationalsozialistische System, weil die ganze Bevölkerung gleichgeschaltet ist.

Diese äußere Unharmonie, die wir hier haben, spiegelt sich auch im Innenleben wider. Weil man Leute kennenlernt, die einem sympathisch sind, aber die grundsätzlich andere Ansichten haben, die man nicht teilen kann, dadurch kommt es dann zu inneren Konflikten. Man weiß nicht, wie man sich verhalten soll, man weiß nicht, wie man auf den anderen eingehen soll, weil alle an was Verschiedenes glauben."

Das sagt Martin, 19 Jahre, Auszubildender aus dem Ruhrgebiet und nach eigenen Aussagen „überzeugter Nationalsozialist".

Martin sieht nicht aus wie ein Neonazi, er hat keine Glatze, trägt keine Bomberjacke und keine scheckig gebleichten Jeans. Wenn Martin Samstag nacht im „Zwischenfall" oder einer anderen Szenedisco zu den Klängen von „Clinic" tanzt, sieht er aus wie ein „Gruftie". Auf dem Kopf trägt er einen „Teller", eine Frisur, die mit viel Haarspray so gestylt wird, daß sie aussieht, wie eine Scheibe, die auf dem Kopf liegt. Seine Augen sind von breiten, schwarzen Kajalstrichen umrahmt, er ist schwarz gekleidet. Aber im Gegensatz zu seinen tanzenden Kollegen, die sich meist politisch diffus-links einordnen und häufig von jugendlichen Neonazis und Skinheads verprügelt werden, bezeichnet Martin sich als „Rechter".

Das „Gruftie"-Outfit sei für ihn nur eine Möglichkeit, am Wochenende „billig Spaß zu haben", viel mehr verbinde er nicht damit. Wichtiger seien ihm „Tugenden", wie „die Fähigkeit, hart zu arbeiten, wenn es nötig ist", und „Ordnung". Die Suche nach diesen Tugenden trieb ihn erst zur NPD, dann zur neonazistischen FAP (Freiheitliche Deutsche Arbeiterpartei) und schließlich zu den „Republikanern", die er beim letzten Wahlkampf unterstützte.

Obwohl ihm sein Gruftie-Outfit, wie er sagt, nicht besonders wichtig ist, hat Martin einen starken Hang zum Mystizismus. Er glaubt an Magie, an die Möglichkeit, bestimmte Dinge bewußt oder unbewußt auf „immateriellem Wege" herbeizuführen.

Sein Weltbild, das er „nationalsozialistisch" nennt, beschreibt Martin so:

„Je ähnlicher etwas ist, desto enger ist es verbunden. Man ist mit den Eltern zum Beispiel enger verbunden als mit irgendwelchen anderen Leuten auf der Welt. Es gibt zum Beispiel diese Statistik mit funktionierenden Partnerschaften – da hat man rausbekommen, daß die Leute, die sich mit ihrem Partner gut verstanden, die gleichen Merkmale hatten. Was oft vorgekommen ist, ist, daß die gleichlange Ohrläppchen hatten oder gleiche Lungenvolumen oder sonst irgendwelche äußerlichen Sachen.

Ich glaube, daß eine solche Verbundenheit innerhalb einer Rasse besonders groß ist. Weil, wenn etwas ähnlich ist, dann kann das besser zusammen harmonieren. Das ist so beim Nationalsozialismus, da kann ein Volk mehr erreichen, weil alle eine gewisse Ähnlichkeit haben. Dadurch werden Konflikte ausgemerzt. Das hat man früher gemerkt, als die Völker noch recht rein waren, noch alle recht ähnlich waren: Wenn dann mal ein Rothaariger aufgetreten ist, dann war der Rothaarige irgendwo ein Störfall, er war irgendwo andersartig.

Heute haben wir eine Akzeptanz anerzogen gekriegt, die unnatürlich ist."

Zwei gesellschaftliche Trends lassen sich seit Anfang der achtziger Jahre beobachten: Der Okkultismus-Boom und zunehmender Rechtsextremismus. Beide betreffen in besonderem Maße die Jugend.

Das Jahr 1988 war ein vorläufiger Höhepunkt. Das Thema Jugendokkultismus geisterte durch alle Medien – und wurde nach der Berlin-Wahl von einem anderen abgelöst: 14,3 Prozent der Erstwähler stimmten für die

„Republikaner". Auf den ersten Blick hat beides nicht viel miteinander zu tun. Auf den zweiten Blick zeigen sich Zusammenhänge. Okkultismus ist nicht so neu, wie uns die Medien glauben machen.

Der Okkultismus nahm immer dann zu, wenn es knirschte im politischen, wirtschaftlichen oder ideologischen Getriebe einer Epoche, in Zeiten der Kriege und Krisen, in Zeiten der Seuchen und der Not.

Als im Mittelalter der Abt Joachim von Fiore ein neues Zeitalter prophezeit, das bevorstehende „Dritte Reich", prägten Hungersnöte, Pest und Cholera, eine autoritäre Feudalherrschaft und eine verarmte Bevölkerung das Bild der Zeit.

„In diesem Dritten Reich wird sich die Wandlung vollziehen. Die Mächtigen dieser Welt werden fallen, den Armen und Schwachen wird Erlösung werden und Frieden wird auf der Welt einkehren, wenn das Tausendjährige Reich erscheint."

1487 erscheint der „Hexenhammer", eine Anleitung für die Verfolgung und den Mord an Millionen Frauen. 1533 wird der Arzt, Theologe und Okkultist Heinrich Cornelius Agrippa von Nettesheimer wegen seiner okkulten und magischen Lehren vor die Inquisition zitiert.

Auch die sogenannten Rosenkreuzer, die bis heute als Okkultgesellschaft gelten und auf deren Wurzeln Hunderte von okkultistischen Zirkeln und Gruppen zurückgehen, haben ihren Ursprung in dieser Zeit.

Wer dies alles als vergessene Hirngespinste eines „finsteren Mittelalters" abtut, irrt. Okkultismus und Magie hinterließen ihre Spuren in der Geschichte.

Krisen gab es in den folgenden Jahrhunderten immer wieder – und okkulte Wellen ebenfalls.

Ähnlich wie der jugendlichen Sturm- und Drang-Bewegung, die Ende des 18. Jahrhunderts neben einer romantischen Naturverehrung, einem Pantheismus auch soziale Forderungen stellte, erging es einer anderen Jugendbewegung hundert Jahre später. Die erstere geriet mit ihren späteren Leitfiguren Ernst Moritz Arndt und „Turnvater" Friedrich Jahn immer mehr in nationalistisches und chauvinistisches Fahrwasser. Die andere, „Wandervogel" genannt, die gute hundert Jahre später für eine neue Naturverbundenheit, gegen die Entmenschlichung der Menschen durch den Kapitalismus und für die Rückbesinnung auf die eigenen – germanischen – Wurzeln eintrat, wurde in großen Teilen von der „Hitler-Jugend" vereinnahmt.

Man suchte am Anfang in Zeiten der Krise nach einem höheren – transzendenten – Sinn, nach einer höheren Instanz, und fand sie am Ende im Führer. Aus der Besinnung auf die eigenen Wurzeln wurden irgendwann „Wurzelrassen" (ein Begriff aus der Theosophie, nach der bestimmte Rassen Begründer und Kulturträger aller anderen sind), deren höchste die Germanen sein sollten. Aus der Naturverehrung wurde immer mehr eine Blut- und Bodenmystik, der Wunsch nach Zusammengehörigkeit förderte einen Volksbegriff, der das Volk als Organismus betrachtete. Von dort bis zur Forderung nach Entfernung aller für diesen Volkskörper „schädlichen Elemente", nach der Reinhaltung des Blutes, nach dem der Rasse zustehenden Lebensraum ist es dann nicht mehr weit.

Einer der okkulten Vorläufer der NSDAP war die im November 1918 gegründete „Thule Gesellschaft", benannt nach jenem angeblich versunkenen Kontinent, der die eigentliche Heimat der Arier beherbergt haben soll. Von dort zog nach der Vorstellung der „Thule-Gesellschaft“ die „Rasse der Arier“ in alle Himmelsrichtungen aus, und gründete überall die hochstehenden Kulturen der Weltgeschichte. Bedeutende Teile von Hitlers Rassenideologie gehen auf die Thule-Ideologie zurück.

Parallel zur „Thule-Gesellschaft“ existierte noch der geheime „Thule-Orden“. Nur wenige eingeweihte Mitglieder der „Thule-Gesellschaft“ wußten überhaupt von der Existenz des Ordens, der okkulte Lehren über Telepathie und Weissagen mit antisemitischer Hetze vermischte. Eine Mitgliederliste des Ordens aus dem Jahr 1926, dessen Symbole Hakenkreuz und Adler waren, liest sich wie ein „Who is who“ der späteren NSDAP-Führungsspitze. Unter anderem waren Adolf Hitler, Rudolf Heß, Hermann Göring, Heinrich Himmler, Alfred Rosenberg, Julius Streicher und Hitlers Leibarzt Dr. Theodor Morell Mitglieder.

Ein Mitglied des „Thule-Ordens“, Guido von List, hatte schon 1905 die rassistische und antisemitische „Armanenschaft“ gegründet. Die Mitglieder begrüßten sich mit „Heil“, ihr Symbol war ebenfalls das Hakenkreuz.

Einen „Armanen“-Orden gibt es auch heute. Der rechtsradikale Verein hat sich der nordischen Mythologie verschrieben und gibt unter anderem einen Nachdruck der „Edda“ heraus, der altnordischen Dichtungen, die in rechtsradikalen, „neuheidnischen“ Kreisen kursieren.

Auch Martin hat Kontakt zu den Armanen. Einer von ihnen hat ihm einiges über das Germanentum erzählt und ihm ein Exemplar der „Edda“ gegeben. Den „Armanen“ steht er distanziert gegenüber. Es gibt aber auch noch andere „nationalsozialistische Esoterikerkreise“, die sich zum Beispiel zu Sonnenwendfeiern an den ostwestfälischen Externsteinen treffen und an „Reinkarnation und die Wiedergeburt des Führers glauben.“

Die Nationalsozialisten machten sich die spirituellen, neuheidnischen und okkulten Bewegungen zunutze. Germanische Symbole wurden wie das Hakenkreuz oder die SS-Runen zu Partei- und Politabzeichen. Die Endzeitmystik und der Anbruch des dritten, tausendjährigen Reiches wurden von den Nazis ebenso vereinnahmt wie die Weltverschwörungstheorien der Gnostiker und die Wurzelrassenideologie, die dann zur Verfolgung von Juden, Freimaurern, sogenannten „minderwertigen“ Rassen und überhaupt allen Unliebsamen führte; heidnische Feste wie die Sonnenwendfeiern wurden zu polit-okkulten Inszenierungen.

Martin: „Ich träume von einer nationalsozialistischen Gesellschaft – nationalsozialistisch, aber nicht faschistisch. Da ziehe ich also eine klare Grenze. Faschismus ist für mich – wenn irgend jemand Andersartige oder Andersdenkende verfolgt und diskriminiert und die als minderwertig einstuft, das ist für mich faschistisch. Hier in diesem Land ist teilweise wirklich Kapitalfaschismus vorhanden. Wenn einer viel Geld hat, meint er, er hätte mehr Recht als einer, der wenig Geld hat. In der Vergangenheit war es so, daß Nationalsozialismus und Faschismus gepaart waren, aber ich kann mir vorstellen, daß das auch anders möglich ist. Das Christentum war ja schließlich auch mal irgendwann faschistisch. Wenn man an die Hexenverfolgung denkt, an die Kreuzzüge...

Wenn das System von allen respektiert wird, wenn andere nicht versuchen, dieses System aus persönlichen Gründen auseinander zu werfen, diese Harmonie innerhalb eines Volkes zu stören, dann ist kein Chauvinismus nötig. Wenn jedes Land und jedes Volk einen Nationalsozialismus hätte, dann könnten die Völker doch miteinander kooperieren. Das muß ja nicht heißen, daß jedes Volk die Welt beherrschen will. Nur eben, daß jedes Volk in einem Lebensraum mit der eigenen Rasse in dem entsprechenden Heimatland lebt und daraus das Beste macht."

Bis heute gibt es Verbindungen zwischen Rechtsextremismus und Okkultismus. Durch den Okkultismus-Boom gerade bei Jugendlichen in den letzten Jahren werden diese Verbindungen wieder aktuell. Der im Umgang mit Mythen und Symbolen geübte Rechtsextremismus spricht offensichtlich Bedürfnisse von Jugendlichen an. Die Sehnsucht von Jugendlichen, bevorzugt aus den Betonsiedlungen und sozialen Brennpunkten der Großstädte, nach Naturerlebnis und Lagerfeuerromantik ist ein Ansatzpunkt rechtsextremer Jugendorganisationen, Jugendliche anzusprechen. Was diese Gesellschaft funktionieren läßt, ist für viele Jugendliche längst zu einer Art okkultem Wissen im ursprünglichen Sinne des Wortes – zu einem Geheimen Wissen – geworden. Rechtsextreme und Neonazis setzen auf diese Harmonie, die Sehnsucht nach einem stimmigen, einfachen Weltbild in einer komplexen Gesellschaft.

„Auf dieses politische System bin ich durch meine Suche nach Harmonie gekommen. Diese Harmonie innerhalb der Gesellschaft, daß wirklich alle gleichgeschaltet sind und trotzdem noch ein bißchen individuell verschieden, dieses Gemeinschaftsgefühl ist ein mystisches Gefühl. Wenn sich jeder zu allen gleichwertig fühlt und sich dazugehörig fühlt, dann ist das ein mystisches Gefühl, mystisches Erlebnis. Das wird dadurch, daß die Leute auch äußerlich und gedanklich gleich sind, vereinfacht. Daß die Leute die gleichen Ideale haben, die gleiche Erziehung, dann, daß sie gleich aussehen müssen, daß alle blaue Augen haben oder so. Daß alle dieselben kulturellen Werte haben.

Man müßte das Bewußtsein völlig umstrukturieren, zum Beispiel durch die Medien, indem im Fernsehen Filme gezeigt werden, in denen dieses Gemeinschaftsgefühl einfach als etwas Selbstverständliches dargestellt wird. Wenn man heute schon ins Fernsehen guckt, dann sind da Konflikte. Die Nachbarn streiten sich oder sonst irgendwas, das ist das einzige, was die Bevölkerung heute noch unterhält. Daß sich die Leute untereinander verstehen können, das ist für die meisten schon uninteressant. Das muß man einfach ins Fernsehen bringen. Wenn ich mir manche Sendungen angukke, wie zum Beispiel ‚Sesamstraße', wenn da weiße Kinder mit Negerkindern zusammen spielen, das ist für mich eine Manipulation. ‚Sesamstraße' ist für mich einfach eine Manipulationssendung, in der Kleinkinder schon daran gewöhnt werden, daß Andersartige gleich sind. Aber die sind einfach nicht gleich. Die sind einfach anders. Ein Neger ist anders als ich. Ich sage nicht, daß er schlechter ist, aber er ist einfach anders."

Auch heute bedienen sich Rechtsextreme wieder ausdrücklich okkulter Symbole, Sprache und Gedanken.

Die „Wiking-Jugend", eine rechtsextreme Jugendorganisation, verwendet die germanische Odalsrune als Vereinssymbol, Mitglieder der „Freiheitlichen Deutschen Arbeiterpartei" (FAP) veranstalten Sonnenwendfeiern und „heimatkundliche Geländespiele". Sie reden vom Land, das dem Germanengott Wotan geweiht ist, für das zu sterben sich lohne, reden von den „raumfremden Besatzermächten" und beschwören wie hundert Jahre zuvor die Ariosophen „Volksgesundheit" und „Erbmasse". Der Kampf gegen Drogen wird da schnell zu einem Kampf gegen die „Weltverschwörer", die die Arier vernichten wollen, die Wiedervereinigung Deutschlands wird zum Kampf für den „Lebensraum", die eigene „Scholle", der – verbale – Kampf gegen Kapitalismus und Großindustrie zu einem Kampf für ein verklärtes Leben als Bauern im Einklang mit der Natur und den germanischen Göttern.

Der Nationalsozialismus mit seinen Mythen, Symbolen, Massenritualen und einem Gemeinschaftsgefühl zog auch gerade Jugendliche in seinen Bann. Die Nazis waren eine junge Partei: 38 Prozent der Mitglieder waren 1931 jünger als dreißig Jahre. Ähnliche Formen von Massenritualen und Gemeinschaftsgefühl treten auch heute in der Kombination Rechtsextremismus/Okkultismus auf. Einige „Heavy-Metal"-Gruppen kokettieren nicht nur mit Drudenfuß und umgedrehten Kreuzen, sondern auch mit exzessiver Darstellung von Gewalt und Anspielungen auf den Faschismus.

Rüdiger, 20 Jahre, „Heavy-Metal"-Fan, über Musiker:

„Ein Musiker muß sich auch darüber im klaren sein, was er mit seiner Persönlichkeit anrichten, wie er die Massen beherrschen kann. Das siehst du bei einem

Konzert: Der Musiker befiehlt seinem Publikum etwas, und die machen es auch. Da muß erst die rechte Seite singen und dann muß die linke Seite singen, dann die Mitte, dann alle zusammen, der hat die völlig im Griff. Das hat schon etwas von Reichsparteitag."

Martin über die FAP, in der er einige Monate Mitglied war:

„Bei der FAP ist ein unheimlich starkes Gemeinschaftsgefühl. Jeder hält zu jedem, jeder steht hinter jedem und man versucht halt, um zu unterstreichen, daß man dazugehört, so rumzulaufen wie die anderen. Die meisten Leute da hatten keine Glatze. Die liefen einfach nur anständig rum. Also läuft man auch anständig rum, hat einen kurzen Haarschnitt, dann gehört man dazu. Da sagt einem keiner: Du mußt dir jetzt die Haare schneiden.

Aber die FAP ist eine militante Terrororganisation. FAP ist der falsche Weg. Ich bin da nur reingegangen, weil ich politisch was tun wollte. Ich war anfangs bei der NPD, das schien mir nichts zu bringen. FAP war etwas ganz anderes, verstärktes Gemeinschaftsgefühl. Da war jeder bereit, was zu tun. Bloß, was getan worden ist, das war teilweise nicht so richtig. Durch einige Leute war da ein falscher Wind aufgekommen. Außerdem waren da so viele Leute, die alle Führer spielen wollten.

Ich will aber weiter politisch aktiv bleiben. – Und das wären, zur Zeit, die Republikaner. Denen habe ich beim Europawahlkampf geholfen, Plakate zu kleben. Die sind nicht unbedingt meine Richtung, aber das ist ein Anfang. – Man muß die Leute jetzt erstmal zu einem Volksbewußtsein bringen, zu einem Nationalbewußtsein.

Also die positiven Seiten des Nationalsozialismus sind für mich hauptsächlich dieses Zusammengehörigkeitsgefühl, dieses Leistungsdenken – das Streben, möglichst viel zu leisten. Um einen möglichst hohen Stand zu haben in der Gesellschaft, daß man wirklich was tun mußte, um weiter zu kommen. Nicht, daß man einen reichen Papi hat oder so. Im Nationalsozialismus sollte jeder, der was leistet, auch entsprechend viel zu sagen haben. Man sollte entsprechend bezahlt werden und entsprechend viel Macht haben. Wenn einer nichts leistet – wenn einer gut reden kann, der sollte nicht automatisch mehr kriegen, als einer, der sich da abrakkert."

Der Psychotherapeut Thomas Polednitschek stellte strukturelle Ähnlichkeiten zwischen jugendlichen Neonazis und Satanisten fest:

„Beide Typen identifizieren sich mit einer machtvollen Führergestalt, dem Satan oder einem politischen Führer. Dies scheint der Kompensation eines epidemischen Ausmaßes an Selbststörungen, einem Mangel an Selbstbewußtsein, Selbstliebe und Selbstvertrauen zu dienen."

Der Neofaschismus bietet nach Polednitschek eine politische Lösung, der Satanismus eine religiöse. Je nach Sozialisation und Erziehung neigen demnach Jugendliche aus ländlicher Umgebung eher zum Satanismus, Großstadtjugendliche eher zum Faschismus.

Die Moderne hat alte Strukturen zerstört und dafür nichts hinterlassen. Und auch der „liebe Gott" ist verschlissen. Dies wirft die Frage auf, ob nicht viele Spielarten des heutigen Jugendokkultismus und auch des „New Age“ mit ähnlichen Bedürfnissen und Motiven zu tun haben.

Nach Harmonie der Gruppe oder gar der gesamten Umwelt wird auch in anderen Ecken gesucht.

„Birkenstock-Spiritualität“

„Die Alten werden wieder von Faschismus reden. ... Ihr Vergleichspunkt ist der Einbruch des Gefühls in die Politik. Bleibt die Politik so kalt, fad und materiell, kann sie ihr Gefühlsdefizit nicht bedecken – dann ist das gefährlicher als jedes andere Defizit.“ (Günter Nenning)

Eine andere Art von Politik zu machen, mit diesem Ziel sind vor rund zehn Jahren Friedensbewegte, Umweltschützer, dogmatische und undogmatische Linke angetreten. Sie gründeten eine Partei – „Die Grünen“.

Umwelt und Ökologie, das waren am Anfang die zentralen Themen der neuen Partei. Eine andere Art von Politik hieß aber für einen Teil auch mehr: Gefühl in die Politik, Ganzheitlichkeit, Spiritualiät, vielleicht Mystik. Mit ersterem hatte man schon ganz am Anfang Probleme – zwei Namen sprechen da für einen ganzen Bereich: Herbert Gruhl und Baldur Springmann.

Herbert Gruhl war seit 1969 CDU-Abgeordneter im Bundestag. Sein besonderes Interesse galt auch in dieser Zeit schon Umweltfragen. 1974 trat er aus der CDU aus, wohl weil er in deren Umweltgesetzgebung seine eigenen Vorstellungen zum großen Teil nicht verwirklichen konnte. Als sich „Die Grünen“ gründeten,trat Gruhl der neuen Partei bei: Gruhl beklagte den bevorstehenden „Öko-Infarkt des Planeten Erde“ und war der Ansicht, daß nur einschneidende Maßnahmen noch das Schlimmste verhindern könnten. Diese einschneidenden Maßnahmen allerdings beruhten bei Gruhl auf einem Gesellschaftsbild, das denen der „Grünen" um 180 Grad widersprach und als „ökofaschistisch" bezeichnet wurde. Gruhl sieht die Natur als reinen Daseinskampf an. Er forderte eine Diktatur, um Umweltschutzmaßnahmen durchzusetzen und stellte sich so in die Tradition früherer „Blut- und Boden-Romantiker".

Nach seinem Ausscheiden bei den „Grünen" gründete Gruhl die „Grüne Aktion Zukunft", ein Sammelbekken rechter und rechtsextremer Kräfte mit ökologischer und völkischer Gesinnung.

Gruhl, der auch in der rechtsextremen Zeitschrift „Mut" publiziert, gründete 1982 die ÖDP (Ökologisch-Demokratische Partei), die bis heute zu Wahlen antritt.

Ein anderes Beispiel für diese gefährliche Koalition ökologischer, spiritueller und rechtsextremer Strömungen ist der Bio-Bauer und Germanenmystiker Baldur Springmann. Gerade die Verbindung von Spiritualität und Ökologie verschaffte Springmann großen Einfluß. Aus der Weisheit der Germanenrunen sollte man lernen, um mit Mutter Erde wieder in Einklang zu geraten.

Ein Beispiel für den Einbruch von Gefühl oder Suche nach einem neuen spirituellen Leben in der Politik in die von sonst emanzipatorischen Idealen geleitete Politik der „Grünen" ist die bundesweite Arbeitsgruppe „Spirituelle Wege in Wissenschaft und Politik."

In der Selbstdarstellung der AG heißt es: „Gerade weil unsere AG in bisher seltener Weise spirituelle Praxis und politisches Engagement vereint hat, wie auch die beteiligten einzelnen innere Spiritualität und gesellschaftliche Aktivität in sich zu vereinen suchen, glauben wir, als kleines Modell Hoffnung verbreiten zu können."

Diese AG ist Ausdruck eines Zeitgeistes, der gerade auch politisch Interessierte und vormals Aktive erfaßt hat. In linken Kreisen hat Astrologie und Übersinnliches Hochkonjunktur, das Interesse für Esoterik und Parapsychologie steigt.

Rudolf Bahro, Ex-Grüner und heutiger Verfechter eines Gottesstaates als „echte Volksbewegung", tourte mit seinem Wochenendseminar „Spiritualität und Politik" durch die Republik. Zauberworte dieses neuen Bewußtseins sind Ökologie und Ganzheitlichkeit. Und zwar Ökologie, verstanden als etwas, was den gesamten „Kosmos" umfaßt. Eine Vorstellung, die in allen Zeiten und Kulturen immer wieder auftaucht als Bedürfnis des Menschen, in einer großen Ordnung des Universums einen sinnvollen Platz zu haben.

Es ist nichts dagegen einzuwenden, daß auch gesellschaftliche Entwicklungen in einem größeren Rahmen gesehen werden, daß die Wissenschaft interdisziplinär arbeiten muß in der heutigen komplexen Gesellschaft. Was aber, wenn diese große globale Vernetzung von der Tatsache auch gleich zur Rechtfertigung aufsteigt? Wenn alles irgendwie miteinander vernetzt ist, wenn sich alles irgendwie selbst regelt, dann wird es schon einen Grund geben für Ausbeutung und soziale Ungerechtigkeit, für Hunger und Umweltzerstörung. Das verleitet zum Nichtstun, zur Akzeptanz von Mißständen, zum Unpolitischen.

Der Psychologe Robert Anthony Wilson, der unter anderem das Standardwerk „Das Okkulte“ veröffentlichte, schreibt zu dieser Art von Ökologie:

„Die ökologische Wissenschaft, wie alle anderen Wissenschaften, ist relativistisch, evolutionär und progressiv. Das heißt, sie betrachtet alle Verallgemeinerungen als hypothetisch und ist jederzeit bereit, sie zu revidieren. Sie sucht die Wahrheit, behauptet aber nie, die ganze Wahrheit gefunden zu haben. Pop-Ökologie oder ökologischer Mystizismus ist in jeder Hinsicht das Gegenteil. Er ist absolutistisch, dogmatisch und fanatisch. Seine Argumentation bezieht sich meistens nicht auf Ökologisch-Wissenschaftliches (es sei denn vage und allzuoft ungenau), sondern bezieht sich auf Emotionen, moralische Entscheidungen und ein Sammelsurium von schlecht sortierten Ideen. Ökologischer Mystizismus steht, kurz gesagt, nur rhetorisch in Verbindung mit der Wissenschaft der Ökologie oder sonst irgendeiner Wissenschaft. Grundsätzlich ist er eine Art Quasi-Religion, eine Ideologie. Ich hege den Verdacht, daß die Nützlichkeit der Ideologie des Öko-Mystizismus für die herrschende Elite kein Zufall ist.“

„New Age“ hat eine seiner bedeutenden Wurzeln in der Theosophie, jener Geheimlehre, die maßgeblich von der Russin Helena Blavatsky Ende des 19. Jahrhunderts geprägt wurde. Es soll ein Extrakt aller Weltreligionen und Philosophien sein und wird von wenigen Auserwählten, der „großen weißen Bruderschaft“, die die Geschicke der Welt lenkt, praktiziert und gelehrt. Die „New-Age“-Bewegung wird von Theosophen gelegentlich als die neue sechste Unterrasse zu der fünften (arischen) „Wurzelrasse“ angesehen, Vertreter der „New-Age“-Bewegung bezeichnen die Theosophen als einen ihrer bedeutendsten Vorläufer. Ein anderer Großvater des „New Age“ ist der Psychologe Carl Gustav Jung (gestorben 1964). Vieles, was heute den Okkult-, Psycho- und Esoterik-Boom ausmacht, ist von ihm bereits aufgearbeitet worden: Alchemie und Meditation, östliche Philosophie und Religion und nicht zuletzt die Archetypenlehre und der Begriff des kollektiven Unbewußten machten Jung posthum zu einem Vordenker der „New-Age“-Bewegung.

Während des „Dritten Reiches“ beschäftigte sich Jung mit der Kultur und der Religion der Germanen. Er stellte Studien an über jüdische und germanische Psychologie, die später zu „arischer“ Psychologie wurde und lieferte die den Antisemitismus legitimierende Theorie, daß die Juden immer ein „Wirtsvolk“ zu ihrer Entfaltung bräuchten.

Jungs Antisemitismus wurde später vor allem mit der Haßliebe erklärt, die ihn mit seinem früheren Lehrer und späterem Gegner, dem Juden Sigmund Freud verband. Jung verwarf in späteren Jahren die für Freud so wichtige Sexualtheorie, nach der die Sexualität wesentliche Triebfeder des menschlichen Handelns ist.

„Mein lieber Freund“, sagte Freud 1909 zu seinem Schüler Carl Gustav Jung, „versprechen Sie mir, nie die Sexualtheorie aufzugeben. Das ist das Allerwesentlichste. Wir müssen daraus ein Dogma machen ... ein unerschütterliches Bollwerk. Gegen die schwarze Schlammflut des Okkultismus.“

Hitler wurde von Jung 1939 als „spiritueller Kelch“ bezeichnet, als „wahrer Führer“, „Medizinmann“ und „Seher“. Später distanzierte Jung sich von diesen Äußerungen, aber so manche fragen, ob Jungs politischen Irrtümern nicht theoretische zugrunde lagen.

Der Heidelberger Pädagogik-Professor Micha Brumlik schreibt:

„Auch heute stürmt und grollt es wieder. Eine Gesellschaft, die aus gewiß soziologisch analysierbaren Gründen die Freude an Sexualität und Erotik verloren hat und sich unter der Last eines nur noch schwer zu bewältigenden Innen- und Beziehungslebens wieder den stärkeren Reizen von Versenkung, Askese, der Suche nach dem „Gott in uns", den Erfahrungen des Kosmos und des Unendlichen, ja der Selbstvergottung überläßt, wird sehr darauf achten müssen, daß sie nicht eines Tages vom Wiedererstehen einer aggressiven politischen Religion überrascht wird. Es wäre nicht das erste Mal in Deutschland, daß der Rückzug in die Intimität eines göttlichen Unbewußten, wie sie die Bildungsreligion der Romantik darstellte, schließlich in der Unterwerfung unter einen politischen Messias endet."

Mit Henna und ohne Besen – Die neuen Hexen

Die „Suche nach dem Gott in uns", das ist auch Teil einer Bewegung, die eng mit dem „New Age" zusammenhängt, aber einen besonderen Schwerpunkt hat: die Hexen.

In der heutigen Frauenbewegung wimmelt es von Hexenzirkeln, Hexenhäusern, Hexenliteratur und eben von Frauen, die sich als Hexen bezeichnen oder sich für Hexen halten. Ein paar von ihnen avancierten binnen kurzer Zeit zu Medienstars und zu Vorbildern für viele andere Frauen, wie zum Beispiel die Filmemacherin Luisa Francia oder die Schriftstellerin Judith Jannberg.

Hexen zu Beginn der Neuzeit, das war keine Auszeichnung, sondern das Todesurteil. Die Hexenprozesse in Deutschland waren nach der Judenverfolgung die größte, nicht kriegsbedingte Massentötung von Menschen. Bis zu neun Millionen Opfer reichen die Schätzungen. 90 Prozent davon waren Frauen.

Für die einen sind Hexenverfolgungen das Resultat eines wirren, aber mächtigen Aberglaubens, für andere Konsequenz einer patriarchalischen Gesellschaft zu Beginn der Neuzeit, die mit der weiblichen Natur die Natur überhaupt zu unterdrücken begann.

Im 13. Jahrhundert tauchte immer mehr die Vorstellung auf, daß es möglich sei, mit dem Teufel einen Bund zu schließen. Denn die Kirche, die immer wieder auf den Teufel als Legitimation ihrer selbst und ihres Tuns zurückgriff, kam auf allen Gebieten mehr und mehr in Erklärungsdefizite. Und dann: Wenn alles Beten nichts half in Notzeiten, wenn einer alles tat, was die Kirche befahl und trotzdem Pech hatte, krank wurde..., mußte der Teufel eine Rolle spielen. Doch wer mit dem Teufel im Bunde war, brach mit Gott. Und Gott, das war die Kirche.

Die angeblichen Hexen wurden deshalb wie Ketzer ausgerottet. 1487 wurde die erste Hexenlehre in Auftrag gegeben und entwickelte sich rasch zu einem Bestseller der noch jungen Buchdruckkunst. Ihr Titel: „Malleus maleficarum" – zu deutsch: der „Hexenhammer".

Verfasser waren die Dominikaner Heinrich Institoris und Jakob Sprenger. Im „Hexenhammer" wurde zunächst das Vorhandensein der Hexerei aus der Bibel „nachgewiesen". Der zweite Teil beschäftigt sich unter anderem damit, wie man „Behexte" heilen kann – bis heute Gegenstand kirchlicher Überlegungen.

Im dritten Teil geht es schließlich um den Verlauf von Hexenprozessen, die in den meisten Fällen vom Richter auf ein bloßes Gerücht hin begonnen wurden.

Ein Jesuit war es schließlich, der, wenn auch anonym, diese Form von Staats- und Kirchenterror öffentlich anprangerte. Friedrich von Spee war Beichtvater vieler Hexen gewesen und hatte sie bis zum Scheiterhaufen begleitet. Er verfaßte ein Buch über das, was sich wirklich bei Hexenprozessen abspielte: Folter, die zu absurden Geständnissen führte, Namen von Personen, die unter der Folter als Hexen denunziert wurden, weil die Folterer nicht eher von ihrem Opfer abließen, bis es mindestens fünf weitere „Hexen" beim Namen genannt hatte. Siebenjährige Mädchen, ja sogar Säuglinge wurden als Hexen auf dem Scheiterhaufen verbrannt.

Und dann die Hexenproben: Frauen wurden zum Beispiel an Armen und Beinen gefesselt und ins Wasser geworfen. Konnten sie sich oben halten, waren sie Hexen und wurden verbrannt, gingen sie unter, waren sie „unschuldig" – und ertranken.

Spee hatte selbst einmal an die Schuld der Hexen geglaubt. Nachdem er jedoch Akten geprüft und mit Richtern und Opfern gesprochen hatte, stellte er in seiner „Cautio Criminalis" fest:

„Ich habe nichts finden können als Schuldlosigkeit allenthalben."

Wer oder was waren die Hexen jedoch nun wirklich? Hat es überhaupt jemals Hexen gegeben? Und sind sie wieder da, wie viele Frauen heute behaupten?

Es war 1977, als auf einer Demonstration gegen das italienische Abtreibungsgesetz ein neuer Schlachtruf erschallte: „Tremate, tremate, le streghe son tornate" hieß es, „zittert, zittert, die Hexen sind zurück."

Im selben Jahr zogen in der Walpurgisnacht, der Nacht zum ersten Mai, Frauen mit hennaroten Haaren und Reisigbesen durch die Straßen deutscher Großstädte und warfen mit Tomaten und rotgefärbten Damenbinden. So kehrte die Hexe als Symbolfigur einer neuen Frauenbewegung in die Gegenwart zurück. Einer Frauenbewegung, die mit Demonstrationen, Flugblättern und unzähligen politischen Aktionen allerorten gegen den Paragraphen 218 kämpfte, für gleiche Bezahlung von Frauen, für ein neues Scheidungsrecht, gegen Benachteiligung im Beruf, für Kindergärten...

Sie erkämpfte Frauenhäuser und Frauenvereine, sie erreichte juristische und politische Erfolge.

Doch zehn Jahre später ist die Zeit der spektakulären Erfolge erst einmal vorbei. Und die Hexe, das Symbol der politischen Frauenbewegung, wird für viele zu einer – fragwürdigen – Realität.

Zwei Wege zeichnen sich ab: Für die einen ist Hexe-Sein nach wie vor Symbol, eine Form von Selbstbewußtsein und ein Interesse an Geschichte aus der Sicht von Frauen. Die anderen nehmen das Hexe-Sein wörtlich, glauben an die magischen, übersinnlichen Fähigkeiten, deren angeblicher Existenz willen die ersten historischen Hexen verbrannt wurden.

Jana, Schülerin, 18 Jahre, interessiert sich schon seit ein paar Jahren für Hexen, ihre Geschichte, und für das „was dran ist" an den „weisen Frauen." Vor einiger Zeit nahm sie in der Schule während einer Projektwoche an einem „Hexenprojekt" teil:

„Für mich sind Hexen heute Frauen, die sich mit der Geschichte beschäftigt haben und in der Geschichte ihre Wurzeln sehen, also auch in der Hexenverfolgung. Und die das, was die da so aufgebaut haben, ja das weiterbauen wollen, oder nochmal aufbauen, soweit es nicht mehr da ist und sagen: Wir lassen uns das nicht nochmal kaputtmachen.

Das ist eine Form von Religion, eine Lebensphilosophie. Ich bin aber von dem Begriff Hexe langsam ab, jeder kann eigentlich nur für sich sagen, was Hexe eigentlich ist. Also eine Religion, denke ich, muß sich jeder selber aufbauen, wenn er mit Hexen zu tun hat oder sich selber auch als Hexe tituliert.

Das fängt bei mir eigentlich da an, daß man die Kirche nicht akzeptieren kann und die Geschichte der Kirche eben auch nicht und das, was die Kirche jetzt macht ja erst recht nicht. Die machen ja im Grunde genommen weiter, so wie eh und je. Also bei mir ist es so, daß ich mich, wenn ich allein bin, nie einsam fühle, das ist so, als wär noch was in mir drin...ich weiß nicht...ich würd' da nicht sagen, daß das Gott ist.

Also, ich selber würde mich nicht als Hexe titulieren, weil ich da schon Bücher gelesen habe und Sachen erlebt, wo ich dann gedacht habe, die Frauen, die das von sich behaupten, sind absolut schwach. Das stößt mich irgendwie ab, wenn Leute sich an irgendwas klammern. Das fand ich echt schlimm, das war schon wie eine Therapie, daß da jemand vollkommen am Ende ist und dann fängt sie nochmal an und sagt: Jetzt bin ich Hexe, jetzt muß es klappen. Ja, in dem Moment, wo irgendwas zu verkrampft wird, habe ich das Gefühl, daß die Frauen schwach sind, weil sie versuchen, sich an irgendwas zu halten."

Jana bezieht sich vor allem auf die Schriftstellerin Judith Jannberg und ihre autobiographischen Bücher „Ich bin ich" und „Ich bin eine Hexe":

„Ich hab da von Judith Jannberg so 'ne Chose gelesen, da lachst du nur noch. Bei dem ersten Buch von ihr hab' ich echt mitgelitten. Aber das zweite, weißt du, das ist so weit weg von meinem Leben. Klar, wohn' ich hier auch auf dem Land, aber das ist es nicht."

Das patriarchalische Bewußtsein, so die Anhängerinnen einer matriarchalischen Spiritualität, hat das alte Wissen von der „Dreieinigkeit von Mensch, Natur und Göttlichem" verloren und an seine Stelle den Gegensatz von Geist und Materie gesetzt. An die Stelle des alten Dogmas der Moderne, nach der das Leben aus ständigem Fortschritt und Weiterentwicklung besteht, setzen diese Feministinnen die Vorstellung vom Leben als Kreis, von der ständigen Wiederkehr als einer zurücklaufenden und sich erneuernden Bewegung.

Nur so ist zu erklären, daß sich Frauen wie Judith Jannberg als Wiedergeburt einer Hexe der frühen Neuzeit verstehen, nur so wird verständlich, wie „altes Urwissen" schon immer in Frauen vorhanden gewesen sein kann, das heute wieder nutzbar gemacht werden soll.

Die „große Göttin" alter matriarchalischer Kulturen spielt eine wichtige Rolle, die Gesellschaftsentwürfe exponierter Vertreterinnen der „Hexenbewegung" wie zum Beispiel der amerikanischen Hexe Starhawk, greifen immer wieder auf Vorstellungen dieser matriarchalischen Kulturen zurück. Der Verdacht entsteht, als solle das bisher bestehende Abhängigkeitsverhältnis einfach umgedreht werden.

Judith Jannberg (in „Ich bin eine Hexe"):

„Nur Personen, die in sich stimmig sind und die mit der Natur in Einklang leben, haben das Recht, zu bestimmen. Das waren in alter Zeit die Mütter und die alten Frauen, und ich setze meine Magie dafür ein, daß dies wieder so sein wird. Dies ist ein konstruktiver Einsatz, ich diene damit dem Lebens- und Liebesprinzip und nenne den Einsatz meiner weiblichen Macht meine weibliche Magie."

Die Frage ist, ob das nicht eine sehr schwache Legitimation für die Schaffung neuer Abhängigkeiten ist und worin dann die qualitative Veränderung liegt. Ganz abgesehen davon bleibt fraglich, inwieweit die Ideen jahrtausenderalter – wenn auch matriarchalischer – Kulturen für eine moderne Gesellschaft, die ihr Idealbild in der Demokratie sieht, verwertbar sind.

Die Frage ist, was Frauen an den Hexen denn eigentlich fasziniert. Das ist wohl zum einen die erhoffte Macht, die Stärke und das Selbstbewußtsein, zum andern aber auch die Freude am Ritual.

Jana: „Manchmal hab ich das Gefühl, allein vom Ritual gesehen, von der Zeremonie her, könnte ich eigentlich alles toll finden, was auf mich irgendeinen Eindruck macht. Das hängt nicht nur von prunkvollen Gewändern ab, sondern besonders auch von der Ernsthaftigkeit, mit der Leute sowas betreiben...

Was ich so betreibe und wie ich auch lebe, das ist vielleicht nicht für jedermann verständlich. Daß ich mich mehr zu solchen spirituellen Dingen hingezogen fühle, das ist phasenweise. Je mehr Streß ich habe, desto weniger kommt das raus. Bis ich dann irgendwann an den Punkt komme, wo ich sage: Nee, jetzt nicht mehr! Und dann echt abschalte und solche Sachen mache. Also vor zwei Jahren war es so, daß ich mich dann hingesetzt habe und die vier Göttinnen angebetet habe. Eine Freundin und ich wollten unbedingt Gebetsbücher von Hexen haben. Ich habe dann vier Gegenstände genommen, ich habe das draußen gemacht und habe mich erstmal orientiert nach Himmelsrichtungen und habe dann jede Himmelsrichtung speziell angebetet und auch verehrt, ich habe mich auch hingekniet, damit ich den Bezug zur Erde hatte, daß man sich gut gefühlt hat, eben so integriert."

Auffällig ist, daß viele der älteren Frauen, die an dieser Bewegung teilhaben, früher politisch sehr engagiert waren.

Luisa Francia, eines der Aushängeschilder der Bewegung, war in der Nach-68er-Bewegung aktiv, hat zehn Jahre lang politisch gearbeitet. Viele andere stammen aus ihrer Generation, haben die politische Frauenbewegung mitgetragen. Wenn das alles nichts gebracht hat, bringen vielleicht Magie und Spiritualität und der Rückzug auf das eigene Ich die erhoffte Wende.

Auffällig ist auch, daß viele der jüngeren Frauen, die sich von dieser Bewegung angezogen fühlen, sich von der Politik meist zurückgezogen haben.

Jana: „Also, wenn mich jemand zwingen würde zu wählen, dann würde ich die Grünen wählen, aber manchmal denk' ich auch: Was macht die Politik überhaupt? Die ist absolut überflüssig, nur diese Leute müssen sich ja auch irgendwie beschäftigen, dann laß die mal die Politik machen, im Grunde genommen geht das am Leben vorbei.

Das ist halt so eine Bühne, irgendwo spielt sich das ab, jetzt meinetwegen in Bonn, da haben die ihre Parlamente und da wird mit Riesenmengen von Geld rumgeschoben, und irgendwie ist das ganz egal, wer da an der Macht ist. Das Ärgerliche ist halt, daß wir das Theater bezahlen, sonst würd' ich so generell sagen, ich will damit nichts zu tun haben.

Also auf der einen Seite will ich nicht wählen, auf der anderen weiß ich, daß ich eigentlich wählen müßte. Also ich reiß mir dafür kein Bein aus. Jetzt waren ja Europawahlen. Ich hätte am Wahltag zehn Kilometer fahren müssen und dafür war's mir nicht wichtig genug. Warum soll ich wählen? – hab ich gedacht –, ich kann jedes Jahr irgendwas wählen."

Okkultismus als Gefahr?

Okkultismus als Gefahr für die Betroffenen?

Im Oktober 1987 schreibt „Der Spiegel": „Daß solcher Wahn leicht lebensgefährlich werden kann, beweisen Vorgänge in Bensheim an der Bergstraße. Dort begingen vergangenes Jahr vier junge Leute zwischen 17 und 22 Jahren Selbstmord; sie waren Mitglieder einer Satansgruppe. ‚Liebe, Sex, Heroin und Orgasmus', begründete einer von ihnen die Tat, hätten ihm nichts gebracht. ‚Ich bin zu der Überzeugung gelangt, daß das Leben sinnlos ist und alles Materielle wertlos. In Liebe verlasse ich diesen Teil der Welt, um mich der realen zuzuwenden und absolut wohl zu fühlen.'"

Im gleichen Monat veröffentlicht die „Münstersche Zeitung" unter dem Titel „Prozeß um Teufelskult" folgende dpa-Meldung: „Um in Luzifers Reich einzudringen, wollten im Mai vergangenen Jahres drei Jugendliche aus dem Kreis Coesfeld – ein 17jähriger, seine 16jährige Freundin und ein 15jähriges Mädchen – gemeinsam sterben. Mit Messer, Wermut und Schlaftabletten gingen sie zum Sterben in einen Wald. Doch der geplante Selbstmord endete nur für die 15jährige Anja tödlich. Wegen gemeinschaftlichen Totschlags müssen sich die beiden überlebenden jungen Leute am heutigen Freitag vor einer Jugendkammer des Landgerichts in Münster verantworten..."

Im Oktober 1988 kann man in der „Süddeutschen Zeitung“ und in der „Frankfurter Allgemeinen Zeitung“ und in regionalen Tageszeitungen folgende dpa-Meldung lesen: „Wahnvorstellungen im Zusammenhang mit Schwarzer Magie und Mystik ist ein 16jähriger Essener Lehrling zum Opfer gefallen, dessen Leiche im Kellergewölbe einer ehemaligen Tuchfabrik in Essen-Kettwig gefunden worden war. Wie die Essener Staatsanwaltschaft berichtete, war der 16jährige von seinem gleichaltrigen Freund erschlagen worden. Die wahnhafte Vorstellung, daß sein Freund sich in ein Ungeheuer verwandelt habe, das ihn verfolge, habe bei dem Täter offenbar eine solche Übermacht gewonnen, daß er getötet habe, berichtete die Staatsanwaltschaft. Der 16jährige habe sich intensiv mit Literatur und Filmen über Schwarze Magie und Mystik befaßt...“

Das sind die drei schaurigen Geschichten, die immer wieder zitiert werden, wenn es um Ritualmorde oder Tötungen unter jugendlichen Satanisten geht. Zwei Dinge machen dabei stutzig:

In keinem der drei Fälle handelt es sich tatsächlich um einen Ritualmord, also um eine rituelle Opferung eines Menschen. Zumindest in den ersten beiden Fällen spielen weltliche Probleme eine starke Rolle. Bei dem als „Fall Anja“ in die Okkult-Geschichtsschreibung eingegangenen Todesfall aus Lüdinghausen im Kreis Coesfeld betonten die Richter, daß es sich nicht um einen Ritualmord gehandelt habe, sondern daß Liebeskummer und familiäre Schwierigkeiten ausschlaggebend für die Selbstmordabsichten der Drei gewesen seien.

Das zweite, was stutzig macht, ist, daß bei allen Veröffentlichungen zum Thema eben immer diese drei Fälle zitiert werden, kein anderer; offensichtlich sind keine anderen bekannt. Trotzdem bereitet es besonders der Boulevardpresse keine Schwierigkeiten, aus diesen drei Fällen abzuleiten, daß Satanismus unter Jugendlichen ein Spiel auf Leben und Tod sei. Dabei müßte man diese Veröffentlichungen eigentlich nur beim gedruckten Wort nehmen: „Quick" und die „Bunte" vermitteln den Eindruck, daß offenbar mehrere tausend Jugendliche im Bundesgebiet den Teufel verehren. („Jeder zehnte Schüler hat ein schreckliches Geheimnis", Bunte, 1.6.88; „In Coesfeld sollen inzwischen sogar 500 Jugendliche an Schwarzen Messen teilnehmen", Quick, 6.4.88) Wenn man diesen Massen von jugendlichen Satanisten die insgesamt 6 Todesfälle in zwei Jahren gegenüberstellt, kommt man zu dem Ergebnis, daß satanistische Rituale offensichtlich weit weniger lebensbedrohend sind, als zum Beispiel Autofahren.

Natürlich sind die suggerierten Mengen falsch, jedoch gibt es keine ermittelten Zahlen, die man den Spekulationen entgegenhalten könnte.

Aber auch wenn es einige hundert Jugendliche sein sollten, die sich selbst als Satanisten bezeichnen oder die dem Satanismus entlehnte Rituale praktizieren, lehnen die meisten Ritualmorde und Menschenopferungen ab. Alles andere ist Spekulation.

Die Hauptgefahr, der jugendliche Satanisten ausgesetzt sind, ist nicht der drohende Ritualmord. Viel gefährlicher, weil verbreiteter scheint die Gefahr, daß Satanisten Verantwortung einer imaginären Führerperson übertragen. Jugendliche Satanisten bezeichnen sich als „Diener des Satans" oder als „Untergebene". Die imaginäre Führerperson hat das Leben des Satanisten in der Hand. Erfolge im Leben erhofft sich der Satanist dadurch, daß er seinen „Herren Luzifer" gnädig stimmt. Besonders gefährlich ist, daß es sich ja nicht um einen tatsächlichen Führer handelt, der seinen Anhängern Anweisungen erteilt, sondern daß der Wille des Führers den Köpfen seiner Untertanen entspringt. Eine merkwürdige Mischung aus Bewußtem und Unbewußtem sowie einer Menge Gruppendynamik innerhalb eines satanistischen Zirkels kontrolliert letztendlich das ganze Leben des Satanisten.

In einigen Satanisten-Zirkeln herrschen ausgesprochen autoritäre Umgangsformen. Der Zusammenhalt der Gruppe basiert darauf, daß alle Gruppenmitglieder im Besitz eines vermeintlichen geheimen Wissens sind, das nicht nach außen dringen darf. Zwangsläufig wird es problematisch, wenn ein Mitglied die Gruppe verlassen will. Zumindest Morddrohungen und Körperverletzungen gegen solche „Verräter" sind vereinzelt bekannt.

Gefahren ist auch der pendelnde, Gläser oder Tischchen rückende Spiritist ausgeliefert. Wer die Existenz von Geistern, mit denen sich auf so einfache Weise kommunizieren läßt, für möglich hält oder gar an sie glaubt, bringt leicht ganz alltägliche Ereignisse mit den „Geistern" in Verbindung: Der herunterfallende Ast auf dem Nachhauseweg, die zuknallende Tür, die flackernde Kerze, ... alle diese Ereignisse können als „Zeichen" der „Geister" gedeutet werden. Das kann anfangen mit der Haltung: „Eigentlich glaube ich nicht an das Ganze, aber es kann ja nicht schaden, wenn ich mich trotzdem daran halte", und beim Verfolgungswahn enden.

Bekanntestes Beispiel ist die Frage nach dem eigenen Todesdatum.

Die 15jährige Susanne hatte über Monate mit den „Geistern" via Glas geplauscht. Die Antworten wurden immer plausibler und Susannes anfängliche Skepsis war langsam gewichen. Auf die Dauer aber war es wenig spannend, immer über Dinge zu reden, die in der Vergangenheit liegen. Warum nicht mal nach der eigenen Zukunft fragen? Und was ist da naheliegender als die Frage nach dem eigenen Todesdatum? – Susanne bekam ihren Sterbetag prompt genannt, und der lag ziemlich nahe: Knappe drei Monate sollte die Schülerin noch zu leben haben, prophezeite der „Geist" aus dem Glas.

Die nächsten drei Monate wurden zur Hölle auf Erden. Jeden Tag, um den ihr vermeintliches Todesdatum näher rückte wurde sie ängstlicher. Einen Tag vor dem Tag X hatte sie dann genug. Überzeugt, daß sie am nächsten Tag sowieso sterben müsse, schluckte sie eine Packung Schlaftabletten. Ihre Eltern fanden sie gerade noch rechtzeitig, um das Schlimmste zu verhindern, aber Susanne brauchte noch Monate, um sich von dem Schock zu erholen.

Daß die Frage nach dem eigenen Todesdatum tunlichst zu vermeiden ist, hat sich unter den meisten Spiritisten inzwischen herumgesprochen. Fast alle, die diese Frage stellten, bekamen eine sehr kurze Lebensfrist prophezeit. Da die Antworten eben nicht von irgendwelchen Geistern stammen, sondern aus den Köpfen der Spiritisten, liegt der Schluß nahe, hier artikuliere sich eine allgemeine Lebensangst via Glas, Tisch oder Pendel.

Angstsyndrome können auch auftreten, wenn Spiritisten Vorsicht walten lassen und – wie sehr verbreitet – vorher absprechen, daß auf keinen Fall Fragen gestellt werden, die sich auf die Zukunft beziehen. Weit verbreitet, besonders unter christlich geprägten Spiritisten, ist die Angst vor dem Eingreifen „böser Geister". Trotz aller Vorsichtsmaßnahmen wie dem Legen eines Rosenkranzes oder einer Bibel an den Rand des Tisches, dem Sprechen von Gebeten vor der Sitzung und und und, schleichen sich immer wieder „böse Geister" ein. Die zwölfjährige Andrea erklärt das mit ernster Miene so:

„Du mußt wissen, wenn das Glas bei dem Gespräch runterfällt, dann ist das ein schlechtes Zeichen, dann hatte man es mit einem bösen Geist zu tun. Und der böse Geist bleibt dann im Haus."

Diesem „bösen Geist", der ihr etliche schlaflose Nächte bereitete, schreibt Andrea auch zu, daß ihre Mutter kurze Zeit nach den spiritistischen Experimenten ihrer Tochter an Krebs erkrankte und bald darauf starb. Es muß nicht immer so dramatische Ausmaße annehmen, aber Angst vor den „Geistern", die er da rief, hat bestimmt jeder Spiritist schon einmal gespürt.

Der schon mehrmals zitierte Okkult-Forscher und Parapsychologe Johannes Mischo stellt beim „unkontrollierten Ausagieren psychomotorischer Automatismen", also vor allem beim Pendeln, Gläser- und Tischchenrükken, folgende psychische Störungssyndrome fest:

Angstsyndrome: Nach Mischo zeigt sich dabei „der Versuch einer Weiterverarbeitung in der Phantasie, in Tagträumen, angstauslösenden Einschlafbildern oder nächtlichen Angstanfällen."

Abhängigkeitssyndrom mit Angstimpulsen: Das Abhängigkeitssyndrom sei zum einen individualspezifisch und zum anderen in der Gruppendynamik zu sehen. Individuelle Abhängigkeit entstehe, „je stärker man sich dem Faszinosum und zugleich Tremendum dieser Pseudotranszendenz" hingebe.

Unterschiedliche Grade von Dissoziationssyndromen: Unter anderem bestehe die Gefahr, daß psychomotorische Automatismen „einen Spaltungsprozeß induzieren können, der je nach dem individuellen Grad der Ausbreitungsbereitschaft zu einer Abspaltungstendenz und zu verselbständigten Komplexbildungen der menschlichen Psyche" führe.

Die narzistische Ich-Aufblähung mit Unterwerfungsanspruch: Davon betroffene Spiritisten seien meist therapieresistent. Mischo beschreibt sie als „sich ihres eigenen Anspruches und der daraus abgeleiteten Interpretationsvorgaben in einer völlig subjektivistischen Sicht (ihrem ‚System') so sicher, daß sie bedingungslos Akzeptanz, ja Unterwerfung fordern und jede objektivierbare Überprüfung dieses Anspruches kategorisch ablehnen."

Die mediumistische Psychose: Den Begriff prägte schon 1919 der Psychiater Henneberg. Mischo beschreibt das Krankheitsbild wie folgt:

„Im Gefolge des exzessiven automatischen Schreibens und Buchstabierens, das im Glauben an die Verbindung mit verstorbenen ‚Jenseitigen' ausgeübt wird und zur starken affektiven Erschütterung führt, stellt sich ein Stimmenhören ein, das die schriftlichen Verlautbarungen antizipiert, sich schließlich zu akustischen Halluzinationen verselbständigt. Zu diesen akustischen Halluzinationen gesellen sich optische, oft im Verbund mit quälenden Zwangsantrieben."

Das Medium tritt also mit der Zeit nicht mehr per Glas, Tischchen oder Pendel mit den „Geistern" in Kontakt, sondern glaubt, deren Stimmen direkt zu hören, im Extremfall, die „Geister" sogar zu sehen, und wird sie dann buchstäblich nicht mehr los.

Einzelne Fälle, bei denen solche Symptome auftraten, sind bekannt. Einschlägige Beratungsstellen, wie zum Beispiel das „Sekteninfo" in Essen wurden von jugendlichen Spiritisten um Hilfe gebeten, die glaubten, ständig von Geistern umgeben zu sein. Ob diese psychischen Störungen allerdings mit einer Diagnose „mediumistische Psychose" richtig betitelt sind, ist umstritten. Während Mischo und Bender den Terminus als medizinischen Fachbegriff benutzen, lehnt der Düsseldorfer Okkult-Forscher der „Aktion Psychokultgefahren", Ulrich Müller, den Begriff als unwissenschaftlich ab, der Begriff sei in der „Psychologie und Psychiatrie unbekannt und keine klinische Diagnose."

In der Tat wird der Begriff „mediumistische Psychose" auch von in der Beratung tätigen Personen häufig gebraucht, ohne daß diese über die genaue Definition dieses Begriffes informiert zu sein scheinen. Heide Cammans, Leiterin des Essener „Sekteninfos", warnt zwar davor, kann aber nicht viel mehr dazu sagen, als daß es „mit dem Ausklinken aus der Realität zu tun" habe und daß die entsprechenden Patienten auch „in die Psychiatrie gehen" und „die kriegen auch Medikamente – Psychopharmaka." Stellt man sich vor, daß sich hinter diesen lapidaren Äußerungen Schicksale mit Zwangseinweisungen in geschlossene Abteilungen und die anschließende Ruhigstellung mit Psychopharmaka verbergen können, erstaunt die Unbefangenheit der Spezialistin Cammans.

Psychotherapeuten sind sich heute weitestgehend einig, daß spiritistische Praktiken selbst nicht die Ursache einer Psychose sind. Wohl aber können sie, wenn eine entsprechende psychische Disposition des Menschen besteht, eine Psychose auslösen.

Okkultismus als Gefahr für die Gesellschaft?

Weitaus gefährlicher als eventuelle psychische Schädigungen einzelner Okkultisten können die langfristigen gesellschaftlichen Folgen sein, die der Okkultismus-Boom haben kann, wenn immer mehr Jugendliche und Erwachsene wichtige Entscheidungen ins Transzendente verlagern.

Der Soziologe Ulrich Müller warnt vor der „Produktion isolierter, dissozialer Mitglieder einer kommenden Gesellschaft. Menschen, deren Planungshandeln sich auf die Überlassung von Willkür – des Pendels, der Karten, der Gläser – beschränkt, dürften ihre speziellen Rollen in einer hochkomplexen, arbeitsteiligen Gesellschaft nicht mehr einnehmen können."

Tatsächlich muß sich Okkultismus als eine breite gesellschaftliche Bewegung zwangsläufig auch auf die Strukturen der Gesellschaft auswirken.

Wer Pendeln, rückenden Gläsern, Karten oder kosmischen Strahlen vertraut, braucht keine Mitbestimmung, keine Wahlen, keine Demonstrationen. Für die bewußte Einflußnahme auf gesellschaftliche Prozesse kennt unsere Gesellschaft das Fremdwort Politik. Der Begriff ist aber, wie fast alles, was damit zusammenhängt, für die meisten Jugendlichen entweder negativ besetzt, oder bedeutungslos.

„Politik ist langweilig, Okkultismus ist spannend", das ist die eine Seite. Die andere ist, daß sich Jugendliche mit der Politik immer weniger identifizieren können und auch nicht mehr an die Veränderbarkeit der Umstände glauben.

Der Marsch durch die Institutionen lohnt sich nicht, und er scheint heute auch noch viel länger. Gleichzeitig entsteht der Eindruck, als würde die Politik mit den realen Problemen auch immer weniger zurechtkommen, ihnen immer machtloser gegenüberstehen. Zu dem Eindruck, daß „die Politiker nicht wollen", kommt bei vielen Jugendlichen der hinzu, daß sie nicht können.

„Also ich finde unsere derzeitige Politik, also die Leute die das machen, finde ich – unzumutbar. Jetzt Kohl, wenn ich Kohl sehe, könnte ich jedesmal in den Fernseher schlagen. Was er von sich gibt. Und irgendwie: Man kann da nichts dran ändern, aber das ärgert mich so, daß man da nichts dran ändern kann. Oder wenn sich alle, wirklich alle, zusammenrotten und dagegen ankämpfen würden ... aber das macht ja keiner."

(Maja, 17 Jahre, „Teilzeit-Gruftie")

Wesentliche Bereiche des Lebens Jugendlicher werden von Instanzen bestimmt und geregelt, auf die sie selbst keinen Zugriff mehr haben. Die Politiker – dieses Wort meint für viele Jugendliche nicht mehr die Personen, sondern Institutionen – sind weit weg.

„Also für mich müßte ein Politiker erstmal nur Mensch sein. Er muß sich von mir insofern unterscheiden, daß er den Job hat, daß er Politiker ist, und dafür bezahlt wird, daß er seine Sache möglichst gut macht. Der Politiker muß sich immer vor Augen führen, daß er es mit einer sehr zerbrechlichen Welt zu tun hat. Vor allem müßte er auch Wert auf die Jugend legen, weil die es ja sind, die die Welt von morgen ausmachen."

(Joachim, 20, „Heavy-Metal"-Fan)

Sie sind es, die die Welt von morgen ausmachen, aber sie sind es nicht, die die Politiker heute wählen. Das ist ein Dilemma, welches sich fortsetzt – Jugend ist eine stets übergangene politische Kraft. Jugendliche wollen selbst Einfluß nehmen auf ihr Leben – wenn nicht so, dann eben anders. Die Geister kommen da wie gerufen, mit ihrer Hilfe läßt sich scheinbar ein wenig Einfluß auf das eigene Leben gewinnen.

Okkultismus kommt dem Bedürfnis der Jugendlichen nach Subjektivierung ihrer Lebensbereiche entgegen und ist ein Stück Widerstand gegen die lebensfernen Institutionen, die den Alltag bestimmen.

Es ist aber gleichzeitig die Flucht in eine andere, eine scheinbare Realität, eine Flucht aus der politischen Verantwortung. Wie soll Demokratic funktionieren, dieser Idealfall, der auf der ständigen Kontrolle der Regierenden durch die Regierten beruht, wenn ein Teil dieser Regierten längst über den Dingen schwebt, das Glas rückt oder „positiv denkt".

Der Okkultismus ist keine Lösung, sondern eine Gefahr. Okkultistische Praktiken schieben die Verantwortung an eine höhere Instanz ab. Die Kontrolle über diese Mächte ist den Okkultisten wiederum entzogen. Und die Regierenden regieren weiter und immer weniger schauen ihnen dabei auf die Finger.

Eine wieder andere Auffassung von gesellschaftlicher

Partizipation vertreten die Anhänger des „New Age“: Ändere dich selbst, dann ändert sich auch deine Umgebung.

Der alte Karl Marx kann diese Leute nicht mehr hinter dem Ofen hervorlocken mit seiner These „Das Sein bestimmt das Bewußtsein.“ Nein, umgekehrt ist es. Das Bewußtsein bestimmt das Sein.

Und wo bekommt man das Bewußtsein? In teuren Schamanen-, Tarot-, Selbsterfahrungs-, etc. ... Kursen? Daß dies eine recht elitäre Sache ist, merkt jeder spätestens dann, wenn er versucht, einem Arbeitslosen zu erklären, er müsse sein Bewußtsein ändern, dann würde die Arbeitslosenhilfe schon reichen. Ist es ein Wunder, daß vornehmlich die Bessergestellten von den „New-Age“-Lehren ergriffen und überzeugt werden? Ein Motor für Veränderung ist dies jedenfalls nicht, und bedenkenswert ist dabei, daß gerade viele ehemals Linke, vornehmlich Akademiker, sich „New Age“ mit allem Drum und Dran zu eigen machen, als eine Art legitimierende Ideologie für den Polit-Frust der Vergangenheit.

Bewußtsein ändern kann aber auch etwas anderes heißen. Wer es nicht mehr erträgt, daß die Umweltverschmutzung weitergeht, daß die Arbeitslosigkeit steigt, daß weiter aufgerüstet und der Frieden nicht sicherer wird – der ändert eben sein Bewußtsein. Er denkt positiv, schaut durch die rosa Brille und auf einmal ist alles nicht mehr so schlimm. So läßt es sich leben.

Aber das Leben wird dadurch nicht besser, es scheint nur besser und bietet deswegen weniger Motivation zur Veränderung.

Als in den siebziger Jahren in den USA eine ähnliche Okkult-Welle wie sie jetzt in der Bundesrepublik zu verzeichnen ist, untersucht wurde, bemerkten dazu amerikanische Soziologen:

„Die neuen religiösen Bewegungen beschützen die etablierte gesellschaftliche Ordnung."

Okkultismus als Gefahr für die Kirche?

Bevor Jugendokkultismus in großem Rahmen ein Thema für die Medien wurde, war er ein Thema für die Kirchen – und er ist es bis heute geblieben. Die meisten öffentlichen Äußerungen zum Jugendokkultismus stammen von Kirchenleuten, die meisten Publikationen kommen aus Kirchenkreisen, fast alle sogenannten Informationsveranstaltungen, die in den letzten Jahren in der ganzen Bundesrepublik stattfanden, wurden von kirchlichen Stellen organisiert, ein überwiegender Teil der Berater und „Experten" sind Sektenbeauftragte der beiden großen Kirchen.

Die Einschätzungen der Okkultismuswelle seitens der Kirchen reichen von „Herausforderung" über „Gefahr" bis „Bedrohung". So spricht zum Beispiel der Evangelische Presseverband Bayern im Verzeichnis seiner „Münchener Reihe" vom „Kampf um die Seelen – Christlicher Glaube contra Jugendreligionen, Sekten, Guruismus und Psychokulte."

Und in „Unsere Seelsorge" des Bischöflichen Generalvikariats Münster schreibt Georg Meier: „Was uns in unserer Verkündigungsarbeit nicht gelingt, schaffen diese Leute mit ihren obskuren Praktiken anscheinend mit Leichtigkeit. Das kann uns schon in der Seele treffen. ... Es reicht nicht, das Unkraut auszureißen, den

Spiritismus zu vertreiben. Wir müssen unsere Wege, die Wege des Christentums an seine Stelle setzen."

Die Bedeutungsabnahme der beiden großen Konfessionen ist ein Trend, der sich schon über mindestens zwei Generationen hinzieht.

Während früher die Religion – und das war gleichbedeutend mit Kirche – auch im gesellschaftlichen Leben eine zentrale Rolle spielte, religiöse Normen etwas allgemeingültiges und für jeden verbindliches hatten, und die Nichtbeachtung kirchlicher Normen und Rituale gesellschaftlich geächtet war, hat heute die Kirche als allgemein anerkannte Sinnstiftungsinstitution und als öffentliche Herrschaftsform abgedankt. Die Kirche ist aus vielen zentralen Bereichen verdrängt worden.

Die Abkehr vieler Jugendlicher von den Kirchen ist heute meist nicht einmal, wie in der Generation zuvor, von kritischer Auseinandersetzung geprägt, sondern in vielen Fällen von Gleichgültigkeit und Langeweile. Die Notwendigkeit einer bewußten Abgrenzung von der Kirche ist – außer in eher ländlichem Gebiet – nicht mehr vorhanden. Die Abkehr der von uns befragten Jugendlichen ist nicht durch die Beschäftigung mit dem Okkultismus ausgelöst worden, sondern war schon lange davor vorhanden oder hat unabhängig vom Okkultismus stattgefunden.

„Mit der Kirche als Institution weiß ich nichts anzufangen. Und erst recht nicht mit dem, was der Papst erzählt. Irgendwann war bei mir mal ein Punkt, ich hab da wohl was gefunden in der Kirche, ich weiß nicht – Zusammengehörigkeit – irgendwas Blödes, aber wenn ich da jetzt hingeh, dann denke ich nur: Was steht der da oben, was erzählt der da? Und dann dieses ganze

Drumrum und das Schlimmste sind die Leute. Mission find ich auch Quatsch, denn den Leuten wird mit dem Glauben auch unsere Gesellschaft aufgezwungen, das war wohl immer der Sinn der Sache."

(Sonja, Ex-Gläserrückerin, 18 Jahre)

„Ich bin eher weniger religiös, wir gehen nur Weihnachten in die Kirche. Letztes Weihnachten mußte ich in die Kirche, weil meine Mutter nicht alleine gehen wollte. Aber meine Mutter geht auch nur Weihnachten in die Kirche. Ja, und sie sagte: Ich will nicht alleine gehen, du kommst jetzt mit. Weil, mein Bruder wollte auch nicht mit. Ich hab mir ein Buch mitgenommen. – Ich saß neben meiner Mutter, neben mir sitzt unser Presbyter und auf der anderen Seite dieser Pastor. War nichts mit Lesen. Das Jahr davor, da war mein Bruder noch mit. Da haben wir uns beide ein Comic mitgenommen und ich habe mir noch einen Walkman mitgenommen. Den hat mir meine Mutter aber wieder abgenommen, weil er zu laut war.

Also Kirche: Ich find's lächerlich. Wie sich die Leute da aufführen: Boooh, du gehst nicht in die Kirche, du bist ja Heide. Und: ‚Sünde', und was weiß ich nicht alles. Dabei gehen die meisten, die gerade sowas sagen, die am schwersten in der Kirche beten, gehen da nur hin, um ihren neuen Pelzmantel zu zeigen. Gerade an Weihnachten. Das finde ich ziemlich arm. Und Jesus hat gesagt: Wenn zwei oder drei Leute in meinem Namen versammelt sind, so werde ich unter ihnen sein. Da kann ich lieber zu Hause für mich beten, wenn ich es wirklich nötig habe. Gott hat auch gesagt: Keiner soll meinen Namen zu Mißbrauch rufen. Und wenn ich jetzt gerade Weihnachten in der Kirche sitze: Den Leuten geht es ja allen gut. Und die beten: ‚Oh Gott, hilf uns!‘ Was soll der denen denn noch helfen? Denen geht es doch gut, die haben doch alles, was sie brauchen.

Wenn ich wirklich mal Hilfe brauche, daß ich vielleicht bitte: ‚Gib mir eine Arbeit‘, dann kann ich mich auch zu Hause hinsetzen und für mich alleine beten. Dazu brauche ich keine Kirche.“ (Maja, 17, „Gruftie“)

„Meiner Meinung nach ist der Satan nicht in uns oder so, sondern der Satan gehört einfach mit zur Kirche. Damit die einen grundsätzlichen Gegenspieler haben. Wenn man sich näher mit der Organisation und dem ganzen Quatsch beschäftigt, da merkt man: In der Kirche ist der Satan drin. So derbe, wie sich die Leute da die Augen aushacken, so derbe geht es garantiert auf keiner Börse zu. Die fetzen da tierisch rum und verleugnen und betrügen, damit sie ja die Kings schlechthin sind. Das hat bei mir schon mit der Jugendarbeit der evangelischen Kirche angefangen, wo ich mitgemischt habe. Damals haben wir uns alle gegen solche Leute aufgelehnt, die gesagt haben: Ja, ich als Privatperson, aber als Kirchenmann kann ich das nicht machen.“

(Jürgen, 20, „Schwarzer“)

„Ich war mal auf einem christlichen Internat, da waren nur Mädchen, unter der Führung von Nonnen. Die Nonnen – naja, ich mochte sie nicht, aber ich hatte so auch nichts gegen die. Erst als dann die Älteste zu den Fünftklässlern gesagt hat: ‚Guckt die Jungen nicht an, sonst werdet ihr schwanger‘, da war es für mich aus. Da habe ich nur geschrien: ‚Du Scheiß-Nonne, du kannst doch den Kröten nicht so 'ne Scheiße erzählen!‘ – Ja, da war es aus zwischen den Nonnen und mir. Und dann bin ich auch letztendlich geflogen und von selber gegangen.“ (Maja, 17, „Gruftie“)

Die Kritik der befragten Jugendlichen läßt sich in ein paar Punkten zusammenfassen: Heuchelei, Hierarchie, mangelndes Engagement für die, denen es wirklich schlecht geht, Langeweile, leere Formeln und Rituale. Große Teile der Jugendlichen von heute sind in diesem Sinne schon längst „verlorene Schäfchen“. Die Institution Kirche hat ihre Bedeutung für sie verloren.

Und der christliche „liebe Gott“ ist auch nicht mehr der allein Seligmachende. Selbst denen, die meinen, daß „man was braucht, an das man glauben kann“, ist es egal, ob der „nun Gott heißt oder Allah oder Krishna, oder ob da bei Alpha Centauri irgendwelche galaktischen Wesen rumspringen.“

Diese Einstellung markiert einen Trend, der auch in anderen Bereichen sichtbar wird, insbesondere in der „New-Age“-Bewegung. Jeder versucht, auf seine Weise selig zu werden. Die Kirche als Ordnungsmacht hat abgedankt. Ein Idealzustand von Freiheit der Religion, wie ihn die Aufklärung gefordert hatte?

Zu den Zeiten, als die Eltern Jugendliche waren, gab es evangelisch und katholisch und das erste, zweite und dritte Programm. Heute hat man weder eine gemeinsame Religion, noch ein gemeinsames Fernsehprogramm, das verbindet. Die Individualisierung, in der Arbeitswelt längst System geworden, hält auch in den Freizeitbereich Einzug. Eine Erscheinung, die sich übrigens auch im politischen Bereich bemerkbar macht, wenn allenthalben von der Zersplitterung des Wählerspektrums und dem Zerfall der großen Volksparteien gesprochen wird. Und weil Religion für weite gesellschaftliche Bereiche bedeutungslos geworden ist, wird sie zur Freizeitbeschäftigung und tritt damit in Konkurrenz zu anderen Freizeitbeschäftigungen. Wie ein Jugendlicher treffend bemerkt: „Die anderen spielen Fußball, ich mach eben Okkultismus.“

Ob Meditation oder Yoga, Schamanenworkshops, östliche Philosophien oder andere Formen von Erleuchtung und Versenkung oder gar von allem ein bißchen – die neue Religiosität bezieht sich vor allem auf das eigene Selbst und wird so schnell eine Art Therapie, die den verachteten rationalen Alltag besser bewältigen hilft. Irrationalität und Beliebigkeit verhindern dabei oft die inhaltliche Auseinandersetzung, denn die Logik der meisten „Self-Made-Religionen" beißt sich in den Schwanz: Man muß daran glauben, sonst taugen sie nicht und man kann sich nicht erst von ihrer Tauglichkeit überzeugen, um daraus Gründe für ein Anfangsvertrauen zu schöpfen. Oder wie die sich als Hexe bezeichnende Luisa Francia erklärt: „Wenn eine Frau feststellt, daß Magie ihr nichts bringt, dann ist Magie eben nicht ihr Weg." Fertig, aus.

Sinn oder Religiosität wird so zu einer Privatveranstaltung.

An diesem Punkt nun schaltet sich die Kirche ein und denkt nach und predigt und warnt. Doch die massenhafte Beschäftigung von Kirchenleuten mit dem Phänomen Jugendokkultismus könnte auch auf etwas anderes hinweisen: Daß sie den Jugendokkultismus nicht nur als „Bedrohung" und „Gefahr" sehen, sondern ganz im Gegenteil auch als Chance: Der Okkultismus ist ein angsterzeugendes und medienwirksames Schlagwort. Ein Schlagwort, welches auch den gottlosen Mann auf der Straße, den linken Lehrer und den fortschrittlichen Sozialpädagogen, der mit Kirche nie viel am Hut hatte, von der Notwendigkeit des Eingreifens überzeugt.

Das Unternehmen Kirche kämpft um seinen Anteil am Markt der Sinnstiftung. Die Kirche bringt sich selbst wieder ins Gespräch – und in die Medien. Jugendokkultismus ist ein gesellschaftliches Problem, dessen Lösung den Kirchen mit teilweise erstaunlicher Selbstverständlichkeit überlassen wird.

Literatur

Baer, Harald: Okkultisten aller Länder, vereinigt euch – zu den Hintergründen des derzeitigen Okkultismus-Booms. (Jugendschutz-Impulse, 4/86, Hrg. Kath. Landesarbeitsgemeinschaft Jugendschutz NW e. V. Münster)

Banol, Fernando S.: Die okkulte Seite des Rock. München 1987 (reine Demagogie)

Bäumer, Ulrich: Wir wollen nur deine Seele. Bielefeld 1984 (ebenfalls demagogisch)

Bender, Hans: Telepathie, Hellsehen und Psychokinese, Aufsätze zur Parapsychologie. München 1972

ders.: Psychohygienische und Forensische Aspekte der Parapsychologie. In: Die Psychologie des 20. Jahrhunderts, Bd. XV, Transzendenz, Imagination und Kreativität, Zürich 1979

Bienemann, Georg: Pendel, Tisch und Totenstimmen – Spiritismus und christlicher Glaube. Freiburg 1988

Carmin, E. R.: „Guru" Hitler, Die Geburt des Nationalsozialismus aus dem Geiste von Mystik und Magie. Zürich 1985 (sehr spekulativ und unwissenschaftlich)

Christlicher Glaube und Dämonologie. Eine von einem Experten im Auftrag der Kongregation erstellte Studie, vom 26. Juni 1975 (Von den deutschen Bischöfen approbierte Übersetzung incl. französischem Original, in: Nachkonziliare Dokumentation, Bd. 55, Trier 1977)

Gaube, Karin und Alexander von Pechmann: Magie, Matriarchat und Marienkult. Reinbek 1986

Gugenberger, Eduard und Roman Schweidlenka: Mutter Erde, Magie und Politik. Wien 1987 (sehr sorgfältige historische Aufarbeitung)

Haack, Friedrich-Wilhelm: Münchner Reihe: Satan, Teufel, Luzifer. München 1987

ders.: Spiritismus. München 1988
ders. und Annette Haack: Jugendspiritismus und -satanismus, Begriffe – Informationen – Überlegungen. Broschüre der Arbeitsgemeinschaft für Religions- und Weltanschauungsfragen, München 1988
Hammers, Alwin J. und Ulrich Rosin: Parapsychologie, Okkultismus, Teufelsglauben, Besessenheit, Exorzismus und Wunder. In: Die Psychologie des 20. Jahrhunderts, Bd. XV, Zürich 1979
Hexen, New Age, Okkultismus. Flensburger Hefte Nr. 13, Flensburg 1988 (eine okkulte Darstellung aus anthroposophischer Perspektive)
Höhn, Monika und Michael: Kontakte ins Jenseits? Über die Faszination des Okkulten. Köln 1989
Hund, Wolfgang: Alles fauler Zauber?! Okkulte Phänomene – was steckt dahinter? Mülheim 1988 (Arbeitsmappe für den Unterricht)
Knaut, Horst: Das Testament des Bösen. Stuttgart 1979 (nicht mehr im Buchhandel erhältlich)
Kursbuch Nr. 86, Esoterik oder die Macht des Schicksals. November 1986
Kursbuch Nr. 93, Glauben. September 1988
Lang, Rudolf: Aberglaube? Fragwürdige Versuche zur Daseinsbewältigung – eine aktuelle psychologische Untersuchung (Evangelische Zentralstelle für Weltanschauungsfragen, Stuttgart, Orientierungen und Berichte Nr. 15 1/88)
Martin, Bruno: Handbuch der spirituellen Wege: Reinbek 1985 (esoterischer Überblick über Esoterik)
Müller, Ulrich: Leben und Wirken des „Satanisten" T. Eine Dokumentation. Regensburg 1989
Okkultismus – die neue Droge? Erklärungsansätze zur Faszination spiritistischer Praktiken etc. auf Jugendliche (AJS-Forum 5/88, Hrsg. Vorstand der Aktion Jugendschutz Landesarbeitsstelle NRW e. V., Köln) (Zusammenfassung einer Tagung zum Thema)
Prokop, Otto und Wolf Wimmer: Der moderne Okkultismus. Stuttgart 1979
Sanders, Ed: The Family, Die Geschichte von Charles Manson

und seiner Strand-Buggy-Streitmacht. Reinbek 1972 (nur noch in Bibliotheken)
Scheinheil und Sinnsuche. Hrsg: Redaktion „Psychologie heute“, Weinheim 1988
Schmitz, Werner: Auf Teufel komm raus. Köln 1987 (spannender Krimi aus der Satanisten-Szene)
Sympathie für den Teufel. Was ist dran am Okkultismus-Boom? Broschüre der MüPress und der Katholischen Jungen Gemeinde, Münster 1988
Wenisch, Bernhard: Satanismus. Stuttgart 1988
Wilson, Robert: Ist Gott eine Droge oder haben wir sie nur falsch verstanden? Reinbek 1987
Zacharias, Gerhard: Satanskult und Schwarze Messe. Ein Beitrag zur Phänomenologie der Religion. Wiesbaden 1964

Bildnachweis

S. 22, 44: Ralph Heller / S. 80: Jürgen Kemmann / S. 103 (Okkultes Brett mit satanistischen Symbolen) und S. 119: Thomas Dreger / S. 114 (Satanistische Accessoires): Christoph Reuter / S. 161: Anke Böttcher.